Arbeitslosigkeit und Gerechtigkeit

Rechtsphilosophische Schriften

Herausgegeben von Kurt Seelmann,
Stefan Smid, Ulrich Steinvorth

Band 10

PETER LANG
Frankfurt am Main · Berlin · Bern · Bruxelles · New York · Oxford · Wien

Gesine Röhrig

Arbeitslosigkeit und Gerechtigkeit

Zur Begründung eines Rechts auf Arbeit

PETER LANG
Europäischer Verlag der Wissenschaften

Bibliografische Information Der Deutschen Bibliothek
Die Deutsche Bibliothek verzeichnet diese Publikation in der Deutschen Nationalbibliografie; detaillierte bibliografische Daten sind im Internet über <http://dnb.ddb.de> abrufbar.

Die vorliegende Arbeit wurde von Prof. Dr. Steinvorth zur Aufnahme in die Reihe empfohlen.

ISSN 0945-1838
ISBN 3-631-50965-0

www.peterlang.de

Inhaltsverzeichnis

Einleitung - Arbeitslosigkeit als normatives Problem

In der Bundesrepublik Deutschland waren im Jahr 2002 rund vier Millionen Menschen arbeitslos gemeldet.[1] Die Furcht vor der Arbeitslosigkeit machte diese in den letzten Jahren zum wichtigsten Wahlkampfthema. 1998 stellte Kanzlerkandidat Schröder sie in den Mittelpunkt seines Wahlkampfes und wollte ihre erfolgreiche Reduzierung zur Meßlatte seiner Regierungstätigkeit machen. Seine Wiederwahl im September 2002 wäre an der unzureichenden Umsetzung dieses Wahlversprechens beinahe gescheitert.

Arbeitslosigkeit ist aber nicht nur eine Politikum in Wahlkampfzeiten, sondern ein wirtschaftspolitisches Problem, da die sozialen Sicherungssysteme wie Kranken-, Renten- und Arbeitslosenversicherung auf Beitragszahler angewiesen und von Überlastung bedroht sind. Zugleich machen besonders die Kritiker des Sozialstaats die sozialen Sicherungssysteme selbst für die steigende Arbeitslosigkeit verantwortlich, da sie zu einer Verteuerung der Arbeit und damit zu Rationalisierungsmaßnahmen und einer Verlagerung der Produktion in Niedriglohnländer führten.[2] Das Schlagwort vom *Sozialstaat in der Krise* soll diesen Umstand zum Ausdruck bringen.

Die Krise ist aber nicht nur finanzieller Natur, sondern äußert sich auch in Legitimationsproblemen des Sozialstaats. Die Akzeptanz in der Bevölkerung, Abgaben für die Subventionierung vermeintlich *Fauler* an die sozialen Sicherungssysteme zu leisten, lässt nach. Bei einer Umfrage im Frühjahr 2001 gaben 65% der Befragten an, davon auszugehen, dass die meisten Arbeitslosen gar nicht arbeiten wollen. 56% halten die Arbeitslosenunterstützung für zu hoch und 70% wollen Arbeitslose zu gemeinnütziger Arbeit verpflichten.[3] Die moralische Intuition, dass Arbeitslosenunterstützung ungerecht ist, weil keine Leistung erbracht wird, scheint weit verbreitet.[4] Bereits in der Bibel ist die Forderung zu finden: „Denn schon als wir das letzte

---

[1] Vgl. Arbeitsmarktstatistik des Arbeitsamtes, unter: www.arbeitsamt.de/hst/services/statistik/kurzinformation/index.html

[2] Zu entscheiden, ob die sozialen Abgaben tatsächlich für eine steigende Arbeitslosigkeit verantwortlich gemacht werden können, fällt letztlich nicht in den Aufgabenbereich einer normativen Arbeit. Es kann aber an dieser Stelle auf Jeremy Rifkin (Das Ende der Arbeit und ihre Zukunft) verwiesen werden, der die Hauptursache steigender Arbeitslosigkeit in technologisch bedingten Rationalisierungsmaßnahmen, einem Prozess der Automation, sieht.

[3] Vgl. Allensbacher Bericht Nr. 6/2001, unter: www.ifd-allensbach.de/news/prd_0116.html

[4] Unter einer moralischen Intuition verstehe ich einfach so etwas wie ein spontanes subjektives Werturteil, eine Vorstellung davon, was moralisch richtig und falsch ist.

Mal bei euch waren, schärften wir dies euch ein: Wer nicht arbeiten will, soll auch nicht essen."[5] Dieser Intuition kommen Überlegungen entgegen, die Krise auf dem Arbeitsmarkt durch Minimierung der sozialen Leistungen zu bewältigen. Ihr entgegen steht die moralische Intuition vieler Arbeitsloser, die es als ungerecht erleben, trotz intensiver Bemühungen keine Arbeit zu finden und daher auf die geringen Sozialleistungen angewiesen zu sein. In der gegenwärtigen Diskussion um die Menschenrechte scheint diese Intuition durch die Bemühungen unterstützt zu werden, sozialen Rechten die gleiche Anerkennung wie Freiheitsrechten einzuräumen.

Die vorliegende Arbeit greift diese Legitimationsproblematik des Sozialstaats auf. Sie konzentriert sich dabei auf einen Problembereich des Sozialstaats, den der Arbeitslosigkeit. Arbeitslosigkeit als ein normatives Problem zu betrachten, soll bedeuten, dass im weitesten Sinne danach gefragt wird, welche Rechte Arbeitslosen zukommen und welche Maßnahmen zur Bekämpfung der Arbeitslosigkeit daher legitim sind. Häufig wird die Frage, ob der normative Gehalt der Menschenrechte auf soziale Rechte ausgeweitet werden soll, an Hand der Unterteilung in die Gruppen der *Freiheitsrechte*, der *politischen Rechte* und der *sozialen Rechte* diskutiert.[6] Dies wirft aber das Problem auf, welche Rechte im Einzelnen durch die Argumentation gedeckt werden. In der vorliegenden Arbeit soll daher eine Einzelrechtsdiskussion durchgeführt werden. Ein bestimmtes soziales Recht wird im folgenden zur Diskussion stehen: das Recht auf Arbeit.

Das Recht auf Arbeit erfährt in der öffentlichen politischen Diskussion besonders in Phasen steigender Arbeitslosigkeit oder bei anstehenden Verfassungsänderungen Aufmerksamkeit. Seine Positivierung wurde erstmals in Frankreich in einem Entwurf für die Erklärung der Menschenrechte von 1789 von dem Abgeordneten Target gefordert.[7] Dieses Recht auf Arbeit verstanden als ein Recht auf Existenzsicherung wurde aber nicht in die Erklärung übernommen. Auch in den Verfassungen von 1791 und 1793 fanden sich letztlich nur staatliche Absichtserklärungen zur Existenzsicherung der Armen.[8] In den folgenden Jahren wurde in der theoretischen Diskussion ein „droit au travail" im Sinne eines Anspruchs auf einen Arbeitsplatz erstmals

---

[5] Zweiter Brief des Paulus an die Thessalonicher, 3.10.
[6] Vgl. beispielsweise: Gosepath, Zu Begründungen sozialer Menschenrechte.
[7] Für die folgenden Ausführungen vgl.: Nenninger, Das Recht auf Arbeit in Japan und Deutschland, S. 17ff. und Middendorf, Recht auf Arbeit in der DDR, S. 48ff.
[8] Middendorf, S. 51f.

von dem Philosophen Charles Fourier gefordert.[9] Dieser sah ein Recht auf Arbeit als die Grundlage aller Rechte der Menschen an. Allerdings hielt er eine Verwirklichung eines Rechts auf Arbeit nur durch eine Umstrukturierung der Gesellschaft hin zu einer Vielzahl sozialistischer Genossenschaften für möglich.[10] Dies wurde fortan als Einwand entweder von liberaler Seite gegen ein Recht auf Arbeit oder von sozialistischer Seite gegen den *Kapitalismus* immer wieder erhoben. Bereits gegen Fichte, der in Deutschland erstmals ein Recht auf Arbeit gefordert hatte, wurde eingewandt, dass sein Modell auf die Überwindung der kapitalistischen Eigentumsordnung gerichtet sei.[11] Karl Marx hatte in seinem Werk „Klassenkämpfe in Frankreich" ein Recht auf Arbeit als einen „elenden frommen Wunsch" bezeichnet: „Das Recht auf Arbeit ist im bürgerlichen Sinn ein Widersinn, ein elender frommer Wunsch, aber hinter dem Rechte auf Arbeit steht die Gewalt über das Kapital, hinter der Gewalt über das Kapital die Aneignung der Produktionsmittel, ihre Unterwerfung unter die assoziierte Arbeiterklasse, also die Aufhebung der Lohnarbeit, des Kapitals und ihres Wechselverhältnisses."[12] Anlass für Marx' Stellungnahme war der vergebliche Versuch in Frankreich, ein Recht auf Arbeit im Zuge der Februarrevolution von 1848 durch die Schaffung öffentlich finanzierter „Nationalwerkstätten" zu verwirklichen, die bald wieder geschlossen wurden.[13] Auch in die Verfassung vom November 1848 fand ein Recht auf Arbeit, das über die bloße Unterstützung Bedürftiger hinausging, keinen Eingang. In Deutschland wurde das Recht auf Arbeit erstmals Gegenstand öffentlicher Diskussionen im Zuge der revolutionären Ereignisse des Jahres 1848, was sich jedoch nicht in der Verfassung niederschlug. Unter Bismarck, der ein Reihe sozialpolitischer Reformen vornahm, wurde ein Recht auf Arbeit nicht gesetzlich fixiert. Genauso wenig wurde es in die Weimarer Verfassung aufgenommen. Während die SPD dafür eintrat, wurde es von sozialistischer Seite als unmöglich erachtet, ein Recht auf Arbeit in einer kapitalistischen Gesellschaft zu verwirklichen. Mit der Abschaffung der kapitalistischen Gesellschaftsordnung würden auch die Verhältnisse abgeschafft, die überhaupt die Forderung nach einem Recht auf Arbeit entstehen ließen.[14]

[9] Nenninger, S. 19; Middendorf, S. 53.
[10] Middendorf, S. 52.
[11] Nenninger, S. 25/26.
[12] Marx, Die Klassenkämpfe in Frankreich 1848 bis 1850, S. 62
[13] Nenninger, S. 21f.
[14] Ebd. S. 30.

Im Zuge der Verabschiedung der Menschenrechtserklärung der Vereinten Nationen 1948 kam es zu Auseinandersetzungen zwischen Ost und West um die Frage, ob man Freiheitsrechte oder soziale Rechte in die Erklärung aufnehmen sollte. Richtet man den Blick auf Deutschland nach 1945, lassen sich die unterschiedlichen Einstellungen gegenüber sozialen Rechten und Freiheitsrechten auch dort erkennen: Während das Recht auf Arbeit in der Verfassung der DDR verankert war, fand es in das Grundgesetz der BRD keinen Eingang. Allerdings stellte das DDR-Recht keine Verwirklichung einer liberalen Forderung dar, da das sozialistische Rechtsverständnis vom liberalen abweicht. Bereits Marx lehnte die liberalen Menschenrechte mit der Begründung ab, dass sie „ [...] nicht auf der Verbindung des Menschen mit dem Menschen, sondern vielmehr auf der Absonderung des Menschen vom Menschen [basieren]. Es [das Recht der Freiheit] ist das Recht der Absonderung, das Recht des beschränkten, auf sich beschränkten Individuums.“[15] Das sozialistische Recht der DDR stellte nach Middendorf keine individuelle Berechtigung des einzelnen Bürgers dar, sondern seine Funktion lag darin, die angenommene Interessenübereinstimmung von Bürger und Staat zu manifestieren. Einen Anspruch des Einzelnen unter Umständen auch gegen die Interessen der Gemeinschaft begründete es nicht. Dies zeigt sich auch darin, dass in der DDR-Verfassung das Recht auf Arbeit zugleich mit einer Arbeitspflicht verbunden wurde.

Die Wiedervereinung dieser beiden Staaten führte zuletzt zu einer politischen Diskussion um ein Recht auf Arbeit: Im deutschen Bundestag wurde im Zuge der Verfassungsreform über ein Recht auf Arbeit gestritten. Die Befürworter eines Rechts auf Arbeit verstanden darunter die Forderung, Vollbeschäftigung als Staatsziel in der Verfassung festzuschreiben. Die Bundesrepublik bekennt sich zu einem solchen Recht durch internationale Verträge, wie beispielsweise die Menschenrechtserklärung der Vereinten Nationen oder die Europäische Sozialcharta. In das Grundgesetz wurde diese Staatszielbestimmung allerdings auch nach der Grundgesetzänderung von 1994 nicht übernommen.

Die Befürworter eines Rechts auf Arbeit im Bundestag warnten vor dem Rückfall in einen *Nachtwächterstaat* und wiesen dem Staat die Erfüllung sozialer Rechte zu. So äußerte Hans-Jochen Vogel von der SPD: „ [...] Des weiteren wäre da die Aufnahme der Verpflichtung des Staats, sich für die Befriedigung der elementaren Lebensbedürfnisse, also für einen hohen Be-

[15] Marx, Zur Judenfrage, S.364.

schäftigungsstandard, [...], einzusetzen. Wollen Sie wirklich zu einem Staatsverständnis zurück, bei dem sich der Staat auf die Ausübung polizeilicher und hoheitlicher Befugnisse beschränkt?"[16]

Franz Möller von der CDU, Gegner eines Rechts auf Arbeit, sieht in einem solchen ein staatlicherseits nicht erfüllbares „Weltbeglückungsprogramm". Er wies es mit der Begründung zurück, dass das Grundgesetz nichts versprechen sollte, was der Staat nicht einlösen könne.[17]

Burkhard Zurheide von der FDP sieht in dem Recht auf Arbeit eine unzulässige Hilfeleistung von Seiten des Staates: „[...] darf dies eigentlich in eine Verfassung, in unser Grundgesetz aufgenommen werden? Nach meiner Auffassung gibt es nur eine Antwort: eindeutig nein. [...] Unser liberaler Gesellschaftsentwurf geht davon aus, daß der einzelne in den Stand versetzt werden muss, sich zunächst selber helfen zu können, und ihm staatlich Hilfe dann – aber dann auch wirklich – zuteil wird, wenn er aus eigener Kraft dazu nicht in der Lage ist."[18]

In dieser öffentlichen politischen Diskussion um ein Recht auf Arbeit lassen sich verschiedene moralische Intuitionen identifizieren, die sich auf Ideen aus der politischen Philosophie zurückführen lassen. So die Vorstellung, dass der Staat Hilfeleistungen nicht erzwingen darf, dass der Staat für die Durchsetzung von Rechten und nicht von Glück zuständig ist, und dass das Recht nicht Unmögliches verlangen darf. Ausgehend von dieser öffentlichen Diskussion soll in der vorliegenden Arbeit gefragt werden, ob unter Berufung auf diese Ideen des politischen Liberalismus tatsächlich ein Recht auf Arbeit zurückgewiesen werden muss oder aber doch begründet werden kann. Ziel dieser Arbeit ist es also, ein begründetes Urteil zum Problem der Arbeitslosigkeit zu treffen: Gibt es ein Recht auf Arbeit und stellt Arbeitslosigkeit ein Unrecht dar oder ist es *nur* ein schlimmes Übel, aus dem aber keine rechtlichen Forderungen an andere erwachsen? Dieses begründete Urteil erlaubt es dann eben auch, die unterschiedlichen und häufig unbegründeten Meinungen zur Arbeitslosigkeit, wie sie sich der politischen Diskussion sowie Äußerungen von Arbeitslosen und Arbeitenden entnehmen lassen, kritisch zu beurteilen. Eine positive Beantwortung der Frage nach

---

[16] Vgl.: Stenographischer Bericht des Deutschen Bundestages, 12. Wahlperiode, 238. Sitzung.

[17] Ebd.

[18] Ebd.

einem Recht auf Arbeit lieferte zugleich eine Begründung für die Intuition vieler Arbeitsloser, die ihre Situation als Ungerechtigkeit erleben.

Wie bisher dargestellt, wurde das Recht auf Arbeit in der Politik viel diskutiert. Auch in der Rechtswissenschaft, besonders im Zuge der steigenden Arbeitslosigkeit in den 70er Jahren des 20. Jahrhunderts, beschäftigte man sich mit der Frage, wie ein solches Recht mit anderen Rechten und somit mit dem Grundgesetz der BRD in Einklang zu bringen sei.[19] In der Philosophie ist das Problem der Erwerbsarbeitslosigkeit allerdings nur am Rande erörtert worden. Das Problem der Arbeitslosigkeit und Forderungen zugunsten der Erwerbsarbeitslosen spielen in den normativen politischen Theorien von Buchanan, Nozick, Dworkin und Rawls kaum eine Rolle.[20] Einige Ansätze gibt es aber auch in jüngster Zeit schon, deren Überzeugungskraft im folgenden untersucht werden soll. Gesucht wird also eine Begründung für ein moralisches Recht auf Arbeit.[21] Die leitende Fragestellung lautet somit: Gibt es ein Recht auf Arbeit?

Diese Fragestellung bedarf allerdings weiterer Präzisierungen. Es lassen sich, wie bereits gesehen, verschiedene Lesarten eines Rechts auf Arbeit unterscheiden. Die zuletzt besprochene Lesart versteht unter einem Recht auf Arbeit nur ein objektives Recht im Sinne einer Staatszielbestimmung der Vollbeschäftigung. Daraus erwächst jedoch kein subjektiv einklagbares Recht für den Einzelnen.[22] Im Bereich der subjektiven Rechte lassen sich wiederum eine schwache und eine starke Lesart unterscheiden: ein Anspruch auf Arbeitslosenunterstützung oder aber ein Anspruch auf einen Arbeitsplatz. In der vorliegenden Arbeit wird letztere zu Grunde gelegt.

---

19 Middendorf, S. 33.

20 Vgl. Schlothfeldt, Erwerbsarbeitslosigkeit als sozialethisches Problem, S. 132.

21 Die Rede von einem *moralischen* Recht soll einfach in Abgrenzung zu skeptischen oder rechtspositivistischen Positionen betonen, dass hier gefragt wird, ob ein Recht auf Arbeit eine Forderung der Moral ist, unabhängig davon, ob ein solches Recht bisher faktisch Eingang in eine Verfassung gefunden hat oder nicht.

22 Zu der in der Rechtswissenschaft gebräuchlichen Unterscheidung „subjektiver" und „objektiver Rechte" vgl. auch Gürtler (Drei philosophische Argumente für ein Recht auf Arbeit, S. 870): „Leitet man aus dem Recht auf Arbeit einen subjektiven Rechtsanspruch ab und versteht es damit als ein dem Staat gegenüber einklagbares, nämlich *subjektiv-öffentliches* Individualrecht, dann besteht diese Leistung in der Bereitstellung eines Arbeitsplatzes durch den Staat. Wird das Recht auf Arbeit hingegen als *objektiv-öffentliches* Recht verstanden, dann besteht diese Leistung in einer angemessenen staatlichen Beschäftigungs- und Arbeitsmarktpolitik."

Weiterer Klärungsbedarf der Fragestellung ergibt sich aus der bisherigen Unbestimmtheit der Begriffe *Recht* und *Arbeit*. Deren Definition soll im Anschluss an diese Einleitung geschehen.

Angemerkt werden kann aber bereits an dieser Stelle, dass ein *Recht auf Arbeit* nicht zu verwechseln ist mit einem *Recht zur Arbeit*. Letzteres, das Recht eine selbstgewählte Arbeit antreten zu dürfen, ist unbestritten ein Freiheitsrecht.

In einem engen Verhältnis zum Recht auf Arbeit steht das Problem *gerechter Arbeit*. Darunter soll die Frage verstanden werden, welche Art Arbeit, welche Arbeitsverhältnisse und welche Arbeitsbedingungen als legitim anerkannt werden können. Auch wenn diese Fragen einen eigenen Problembereich markieren, der im Rahmen dieser Arbeit nicht behandelt werden kann, so lassen sie sich auch nicht ganz ausklammern. Denn die Frage, ob es ein Recht auf Arbeit gibt, läuft auf die Frage hinaus, mit welchem Arbeitsangebot der Rechtsanspruch als erfüllt angesehen werden kann. Auf dieses Problem soll zumindest skizzenhaft eingegangen werden.

Der Aufbau der Arbeit sieht somit folgendermaßen aus: An diese Einleitung schließt ein ebenfalls einführendes Kapitel an, in dem die Grundbegriffe und damit auch die moralphilosophische Perspektive, vor deren Hintergrund die Fragestellung behandelt wird, erläutert werden soll. In Teil I.1. wird das zugrunde gelegte Menschenrechtsverständnis, in Teil I.2. der Arbeitsbegriff erörtert. In Teil I.3. sollen die beiden Begriffe dann zusammengeführt und damit die leitende Fragestellung *Gibt es ein Recht auf Arbeit?* erläutert werden.

Das II. Kapitel widmet sich dann verschiedenen Möglichkeiten der Begründung eines Rechts auf Arbeit. In Abschnitt II.1. wird in Anlehnung an Stefan Gosepaths idealtypische Einteilung alternativer Begründungsstrategien sozialer Menschenrechte eine solche für die Begründung eines Rechts auf Arbeit vorgeschlagen. Drei alternative Begründungsstrategien werden ausgemacht: die Bedürfnis-, die Gleichverteilungs- und die Eigentumsauffassung, die dann an Hand jeweils eines Vertreters in den folgenden Abschnitten vorgestellt werden. In Abschnitt II.2.1. wird Stephan Schlothfeldts als Bedürfnisauffassung charakterisierte Argumentation für ein Recht auf Arbeit dargestellt. In Abschnitt II.2.2. wird die Gleichverteilungsauffassung an Hand von Walter Pfannkuches Argumentation vorgestellt werden. In Abschnitt II.2.3. wird Ulrich Steinvorths Begründung eines Rechts auf Arbeit erläutert, die im folgenden als *Eigentumsauffassung* bezeichnet wird. In Abschnitt II.3. sollen die verschiedenen Begründungen dann diskutiert werden. Eine dieser Begründungen wird als überzeugend, aber als unvollständig in Hinblick auf die Umsetzung eines Rechts auf Arbeit angesehen.

Bei dem Problem der Umsetzung eines Rechts auf Arbeit geht es um die Frage, mit welchem Arbeitsplatzangebot der Rechtsanspruch als erfüllt angesehen werden kann. Dieser Frage soll im dritten Kapitel nachgegangen werden.

I. Ein *Menschenrecht auf Arbeit* – Erläuterung der Grundbegriffe

I.1. *Menschenrechte* – Bestimmung des Menschenrechtsverständnisses

Die aktuelle Diskussion um die Menschenrechte kreist um mehrere zentrale Themen.[23] Umstritten ist sowohl die Bedeutung der Menschenrechte, also die Frage, ob man Menschenrechte als moralische oder als juridische Rechte begreifen sollte, als auch deren Begründung bzw. Begründbarkeit. Ein weiteres Streitthema ist die Frage nach der Universalität oder Kulturabhängigkeit der Menschenrechte. Außerdem gehen die Meinungen über den Umfang der Menschenrechte auseinander, d.h. darüber, ob der Katalog der Menschenrechte erweitert oder eingeschränkt werden muss: Wie schon zu Zeiten des Ost-West Konflikts wird nach wie vor über die Frage gestritten, ob liberale Freiheitsrechte, politische Mitwirkungsrechte oder soziale Rechte jeweils als Menschenrechte anzuerkennen sind und welcher Rang und welche Reichweite ihnen zukommen. Insbesondere ist die Klasse der sozialen Rechte umstritten. Es wird kritisch gefragt, ob man sich mit sozialen Menschenrechten nicht von der Idee der Menschenrechte, eine universale somit aber auch minimale Moral zu formulieren, entfernt und Menschenrechte stattdessen auf alles, was irgendwie moralisch wünschenswert ist, ausdehnt.

Die Ausgangsfrage dieser Arbeit, ob sich ein Recht auf Arbeit begründen lässt, fällt in diesen letztgenannten Problembereich. Mit ihrer Beantwortung wird auf die Frage nach dem Umfang der Menschenrechte geantwortet, allerdings nur bezogen auf ein einzelnes soziales Recht. Auch wenn sich ein Recht auf Arbeit begründen lässt, muss diese Begründung nicht automatisch auch auf ein *Recht auf Wohnung* oder ein *Recht auf Bildung* anwendbar sein.

Die Frage nach der Bedeutung von Menschenrechten, nach deren Begründbarkeit und nach der Universalität oder Relativität kann im Rahmen dieser Arbeit nicht eigens problematisiert werden. Folgendes Verständnis von Menschenrechten wird als begründet vorausgesetzt: Menschenrechte sind zunächst einmal „moralische Rechte“, da sie jedem Menschen zukommen, unabhängig davon, ob sie durch positives staatliches Recht garantiert

---

[23] Vgl. zu den folgenden Ausführungen: Lohmann/Gosepath, Philosophie der Menschenrechte: Einleitung, S. 7ff.

werden oder nicht.[24] Insofern sie positives Recht eines Staates darstellen, sind sie darüber hinaus „legale Rechte"[25]. Menschenrechte kann man, wie alle „Rechte auf etwas"[26], als eine dreistellige Relation beschreiben, deren erstes Element der Träger oder Inhaber des Rechts, deren zweites Element der Adressat und deren drittes Element der Gegenstand des Rechts ist.

Träger von Menschenrechten sind alle Menschen weltweit qua Geburt. Sie gelten somit universell und voraussetzungslos.[27]

Adressaten der Menschenrechte sind sowohl einzelne Personen als auch staatliche Institutionen.[28] Da sich Menschen Menschenrechte wechselseitig zugestehen sollen, sind sie nicht nur Träger von Menschenrechten, sondern auch Adressaten. Mit jedem Recht korrespondiert eine Pflicht, der der Adressat nachkommen muss. Dies bedeutet für die Begründung der Menschenrechte eben auch, dass die dem Adressaten auferlegte Pflicht gerechtfertigt werden muss. Eine Rechtfertigung dieser Pflicht ist besonders wichtig, da das Recht, wie Kant formuliert, mit der Befugnis zu zwingen verbunden sei[29]. Dies bedeutet, dass die Erfüllung einer Rechtspflicht notfalls mit Zwang durchgesetzt werden darf. Ein Menschenrecht zu begründen heißt daher auch immer, einen möglichen Rechtszwang zu rechtfertigen.

Dem Staat kommt in Bezug auf die Menschenrechte eine zweifache Rolle zu: Zum einen ist es seine Aufgabe, die Menschenrechte, notfalls auch mit Zwang, durchzusetzen. Zum anderen muss er aber auch selbst die Menschenrechte achten. Insofern ist er auch ein Adressat der Menschenrechte.[30]

Auch Bürgerrechte, zu denen die politischen Teilhaberechte zählen, sollen zu den Menschenrechten hinzugezählt werden. Es wird somit davon ausgegangen, dass einzelne Menschenrechte einen unterschiedlichen „Gel-

---

[24] Koller, Der Geltungsbereich der Menschenrechte, S. 96.

[25] Ebd.

[26] Vgl.: Alexy, Theorie der Grundrechte, S. 171 ff.

[27] Fragen nach Grenzfällen, wie danach, ob auch Föten Menschenrechte zukommen oder ab welchem Alter die politischen Teilhaberechte ausgeübt werden können, werden hier ausgespart.

[28] Von einigen Autoren werden nur Staaten als Adressaten von Menschenrechten anerkannt. Vgl. zu dieser Frage: Koller, Der Geltungsbereich der Menschenrechte, S. 100.

[29] Kant, Metaphysik der Sitten, Rechtslehre, Einleitung, § D.

[30] Diese Ansicht vertritt beispielsweise auch Koller: „Die *Staaten* nehmen unter den Adressaten aber eine besondere Rolle ein, und zwar deswegen, weil sie eben nicht nur verpflichtet sind, die Menschenrechte zu respektieren, sondern überdies die Aufgabe haben, diese Reche – gleichsam in Vertretung aller einzelnen Personen – notfalls mit Zwangmitteln zu gewährleisten." (Der Geltungsbereich der Menschenrechte, S. 100/01).

tungsumfang"[31] haben können. Dies bedeutet, dass Menschenrechte jeweils gegenüber unterschiedlichen Adressaten einzufordern sind: Während die klassischen Freiheitsrechte alle potentiellen Adressaten verpflichten, gelten andere Rechte nur gegenüber einem bestimmten Kreis von Adressaten. Das Wahlrecht beispielsweise muss ein Staatsbürger gegenüber seinem Staat geltend machen. Während der Kreis der Träger der Menschenrechte also alle Menschen weltweit umfasst, kann der Kreis der Adressaten variieren. Eine überzeugende Begründung eines Rechts auf Arbeit sollte daher auch eine Antwort auf die Frage geben, wer der Adressat eines solchen Rechtes ist.

Gegenstand des Rechts ist eine Handlung des Adressaten, ein Tun oder auch Unterlassen.[32] Zusammenfassend kann man also sagen, dass Menschenrechte unveräußerliche, angeborene und vorstaatliche Ansprüche des Einzelnen sind, deren Achtung der Staat falls nötig auch mit Zwang durchsetzen muss. Menschenrechte sind „Trumpfkarten" des einzelnen gegen kollektivistische Überlegungen.[33]

Begründet und inhaltlich bestimmt werden können diese menschenrechtlichen Ansprüche durch die Idee der „gleichen Freiheit". „Nach der Idee der gleichen Freiheit handelt jemand gerecht, wenn er dem anderen dieselbe Freiheit einräumt, über sich und sein Eigentum zu verfügen, die er für sich selbst beansprucht. Dieser Universalismus fordert von jedem keine gleiche Lebensweise, sondern gleiche Achtung dafür, wie jemand über sich, seine Anlagen, sein Leben und sein Eigentum verfügt. [...] Das Recht ist gleiche Freiheit, weil wir an ihr die Gerechtigkeit einer Handlung messen und nur zu ihrer Verteidigung Zwang erlauben."[34]

Die Idee der gleichen Freiheit begründet Rechtspflichten, die vorgeben, was verboten ist. Die Erfüllung dieser Pflichten darf erzwungen, die Nichterfüllung bestraft werden. Nach einem Verständnis der neuzeitlichen Moralphilosophie, dem hier gefolgt werden soll, lassen sich von diesen Rechtspflichten die Tugendpflichten abgrenzen. Die Tugendpflichten geben an, was moralisch geboten aber nicht erzwingbar ist. Die Moral lässt sich somit in zwei Bereiche einteilen: den Bereich der Gerechtigkeit und den der Wohltätigkeit. „Für die rechte-orientierte Ethik fällt die Moral insgesamt in

---

[31] Zum Begriff des „Geltungsumfanges" vgl. Koller, Der Geltungsbereich der Menschenrechte.
[32] Vgl. Alexy, Theorie der Grundrechte, S. 177ff.
[33] Vgl. Dworkin, Bürgerrechte ernstgenommen.
[34] Steinvorth, Gleiche Freiheit, S. 40 und 41.

die zwei Teile der Gerechtigkeit oder des (vorpositiven) Rechts und der Moralität oder Hilfsbereitschaft. Sie folgt damit einer Unterscheidung, die schon im Zentrum der Ethik Humes, Kants oder Schopenhauers stand und auf die noch ältere Unterscheidung von Rechts- und Tugendpflichten, unbedingten und verdienstlichen Pflichten zurückgeht. Rechtspflichten verbieten das Eindringen in die Sphäre des anderen; sie gebieten, seinen Willen, seine Freiheit, seine Verfügung über sich und was als sein Eigentum gilt zu respektieren. [...] Tugendpflichten stellen dagegen dem Handelnden ein positives Ziel vor Augen: dem anderen zu helfen. Aber diesem Ziel setzen sie keine Grenze: Sie geben Gelegenheit zu moralischem Heroismus und supererogatorischen Leistungen. Durch ihre Befolgung kann man moralisches Verdienst erwerben, im Unterschied zur Befolgung der Rechtspflichten, die als die Forderungen einer Minimalethik zu verstehen sind. Aber eben deshalb sind sie auch nicht erzwingbar und ist ihre Nichtbefolgung nicht strafbar. Sie setzen vielmehr Gesinnung und Überzeugung des Handelnden selbst voraus. Sie müssen vom Individuum selbst getragen werden. Daher können sie nicht vom Staat oder irgendeiner anderen Zwangsgemeinschaft erzwungen werden."[35]

Mit den Menschenrechten korrespondieren also Rechtspflichten, deren Erfüllung erzwingbar ist. Hält man soziale Rechte für gerechtfertigt, dann heißt dies, dass man ihre Durchsetzung notfalls auch mit Zwang für legitim hält. Den Sozialstaat kann man daher mit Kersting durchaus als „Zwangverband" bezeichnen.[36] An diesen Umstand knüpft ein grundsätzlicher Einwand gegen soziale Menschenrechte an, der im folgenden entkräftet werden soll, da alle Fragen nach einem Recht auf Arbeit sinnlos wären, wenn Gegner sozialer Rechte begründen könnten, dass sich soziale Forderungen nicht als Menschenrechte legitimieren lassen. Gegenargumente, die sich speziell gegen ein Recht auf Arbeit richten, werden erst an späterer Stelle diskutiert.

Dieses Argument gegen soziale Rechte greift auf die Einteilung der Rechte in positive und negative Rechte bzw. Pflichten zurück und setzt diese dann mit der Unterteilung in Tugend- bzw. Rechtspflichten gleich.

Die Idee der Einteilung in negative und positive Rechte ist folgende: Während zur Erfüllung negativer Rechte nur ein Unterlassen auf Seiten des Adressaten notwendig ist, sind die positiven Rechte anspruchsvoller, da die korrespondierenden Pflichten ein positives Tun verlangen. Die Einteilung in

---

[35] Steinvorth, Menschenrechte und Sozialstaat, S. 10/11.
[36] Vgl.: Kersting, Theorien der sozialen Gerechtigkeit, S. 24.

positive und negative Rechte wird also (von vielen Autoren) auf die Unterscheidung von Tun und Unterlassen zurückgeführt.[37] So bei Peter Koller: „Je nachdem, ob dieser Anspruch entweder auf ein Unterlassen oder Dulden oder aber auf ein aktives Handeln seitens des Adressaten gerichtet ist, kann man zwischen positiven und negativen Rechten unterscheiden."[38] Oder auch bei Henry Shue: „Therefore, the moral significance, if any, of the distinction between positive und negative rights depends upon the moral significance, if any, of the distinction between action and omission of action."[39]

Die liberalen Rechte werden nun als negative und die sozialen Rechte als positive Rechte klassifiziert. An diese Charakterisierung sozialer Rechte als positive Rechte werden zugleich Vorbehalte gegenüber sozialen Rechten geknüpft, da das Mehr an Mühe oder Aufwand, das sie den Adressaten auferlegen, schwieriger zu legitimieren zu sein scheint als ein bloßes Unterlassen. Von einigen Autoren werden soziale Rechte vollkommen abgelehnt mit der Begründung, dass sie den Adressaten zuviel abverlangen, um noch als Forderung der Gerechtigkeit gerechtfertigt zu sein. Diese Gegner sozialer Rechte setzen also negative und positive Rechte bzw. Pflichten jeweils mit Rechtspflichten und Tugendpflichten gleich. Soziale Pflichten werden höchstens als Pflichten der Wohltätigkeit, also als Tugendpflichten anerkannt.

Auch gibt es Autoren, wie z.B. Koller[40], die soziale Forderungen zwar als Rechte anerkennen, aber annehmen, dass sie anders als Freiheitsrechte zu rechtfertigen seien und dass aus einer solchen Rechtfertigung nur ein eingeschränkter Geltungsumfang ableitbar sei. Wäre diese Kritik an sozialen Rechten berechtigt, wäre auch ein Recht auf Arbeit von ihr betroffen. Daher soll die Annahme, dass soziale Rechte positive Rechte seien und daher moralisch anders als Freiheitsrechte zu bewerten seien, genauer untersucht werden:

Henry Shue versucht der Kritik an sozialen Rechten als positiven Rechten folgendermaßen zu begegnen: Er bestreitet, dass die Zuordnung der Freiheitsrechte in die Gruppe der negativen Rechte und die der sozialen Rechte in die der positiven richtig ist. „I will try to show (1) that security

---

[37] Dass die Unterscheidung in Tun und Unterlassen selbst alles andere als eindeutig ist, soll den Kritiker hier nicht vorgehalten werden. Vgl. dazu beispielsweise: Birnbacher, Tun und Unterlassen.

[38] Koller, Der Geltungsbereich der Menschenrechte, S. 103.

[39] Shue, Basic Rights, S. 37.

[40] Vgl. Koller, Der Geltungsbereich der Menschenrechte.

rights are more "positive" than they are often said to be, (2) that subsistence rights are more "negative" than they are often said to be, [...]"[41] Zwar nicht die bloße Einhaltung, sehr wohl aber die Sicherung, der Schutz der Freiheitsrechte bzw. der Rechte auf körperliche Unversehrtheit, erfordere positive Maßnahmen von Seiten des Staates. Was Menschen wollen und brauchen sei aber gerade die Sicherung und der Schutz der Rechte. Maßnahmen zur Sicherung der körperlichen Unversehrtheit, zu denen Shue auch Antidrogenprogramme zur Bekämpfung der Beschaffungskriminalität rechnet, könnten sehr viel mehr positives Tun bzw. Geld erfordern als Maßnahmen zur Existenzsicherung.

Gegen Shues Argumentation kann eingewandt werden, dass er mit dem Hinweis darauf, dass die Sicherung der Freiheitsrechte ein positives staatliches Tun erfordert, noch nicht gezeigt hat, dass auch Freiheitsrechte positiv sind. Denn positive Rechte, auch nach Shues Verständnis, zeichnen sich dadurch aus, dass sie von dem Adressaten der Rechte ein positives Tun verlangen. Man kann den Unterschied zwischen positiven Anspruchsrechten und negativen Freiheitsrechten auch folgendermaßen beschreiben: „[B]eim Anspruchsrecht steht der Adressat, etwa der Staat, unter der Pflicht, den Rechtsinhalt zu verwirklichen, etwa beim Recht auf Arbeit dem Rechtsinhaber eine Arbeitsstelle zu verschaffen. Beim Freiheitsrecht steht der Adressat dagegen nur unter der Pflicht, den Rechtsinhaber nicht daran zu hindern, den Rechtsinhalt zu verwirklichen, etwa zu arbeiten."[42] Dies hat Shue mit seinen Beispielen aber nicht gezeigt. Der Staat hat, wie bereits gesagt, zwei unterschiedliche Pflichten in Bezug auf die Menschenrechte zu erfüllen. Zum einen ist er Adressat der Menschenrechte und muss sie achten. Zum anderen ist es seine Aufgabe, Rechte durchzusetzen. Dies ist eine positive Pflicht des Staates. Mit der Kriminalitätsbekämpfung kommt er dieser Aufgabe nach. Die positive Handlung besteht aber nur in der Vermeidung eines Rechtsbruchs und verwirklicht noch keinen Rechtsinhalt. Um zu begründen, dass auch Freiheitsrechte positive Rechte sind, müsste man aber zeigen, zu welcher positiven Handlung sie den Staat als Adressaten der Menschenrechte verpflichten. Eine solche positive Handlung nennt Shue nicht. Es ist ein Unterschied, ob man Steuern zahlt, um sich damit vor einer Verletzung der eigenen Rechte zu schützen oder damit der Staat anderen bei der Verwirklichung irgendwelcher Rechtsinhalte hilft. Ein Unterschied zwischen Frei-

[41] Shue, Basic Rights, S. 37.
[42] Steinvorth, Staat und Legitimität, S. 66.

heitsrechten und sozialen Rechten lässt sich also mit Shues Argumentation nicht leugnen.

Dass Shues Argumentation nicht dazu taugt, Vorbehalte gegen soziale Rechte wegen ihrer positiven Pflichten auszuräumen, zeigt auch Kollers Theorie des beschränkten Geltungsumfanges sozialer Rechte. Zwar tritt auch Koller für soziale Rechte ein und lässt sich mit Shues Argumentation davon überzeugen, dass die „[...] Distinktion zwischen positiven und negativen Rechten [...] wenig hilfreich [ist], um die Menschenrechte zu klassifizieren."[43] Allerdings verwandelt er den qualitativen Unterschied zwischen positiven und negativen Rechten nur in einen graduellen: Nicht mehr Tun und Unterlassen werden als einander ausschließend gegenübergestellt, sondern das Ausmaß des Tuns, das „Ausmaß der Verpflichtung"[44] sei entscheidend und führe zu Unterschieden im Geltungsumfang verschiedener Rechte. Der Aufwand oder Einsatz des Adressaten bleibt aber das wesentliche Kriterium, um Freiheitsrechte und soziale Rechte unterschiedlich moralisch zu bewerten.

Im folgenden soll nicht bestritten werden, dass das Ausmaß des Tuns moralisches Gewicht hat. Moralische Pflichten dürfen einem Adressaten keine unzumutbaren Kosten abverlangen. Es kann von niemanden verlangt werden, sich selbst in Lebensgefahr zu bringen, um einen anderen zu retten. Allerdings soll hinterfragt werden, ob der Aufwand, der durch nichts tun, ein wenig tun oder auch viel tun entsteht, ein geeignetes Kriterium ist, um soziale Rechte moralisch anders als Freiheitsrechte zu bewerten. Im folgenden wird die These vertreten, dass es bei der Bewertung sozialer Rechte nicht darauf ankommt, positive Maßnahmen an sich zu rechtfertigen. Vielmehr ist entscheidend, als was diese positiven Handlungen zu verstehen sind, als Hilfsleistungen oder als rechtskonforme Handlungen. Der moralische Maßstab, an dem sich soziale Forderungen messen lassen müssen, ist die Einteilung in wohltätige und in gerechte Handlungen. Wohltätigkeit und Gerechtigkeit lassen sich aber nicht formal unterscheiden, indem man erstere dem Tun und letztere dem Unterlassen zuordnet. Gerechtigkeit und Wohltätigkeit müssen durch ein inhaltliches Kriterium voneinander unterschieden werden. Als ein solches wurde die Idee der gleichen Freiheit bereits vorgeschlagen.

---

[43] Koller, Der Geltungsbereich der Menschenrechte, S. 103.
[44] Ebd.

Wohltätigkeit und Gerechtigkeit lassen sich nicht Tun und Unterlassen zuordnen, da einerseits nicht alle positiven Handlungen (mit positiven Folgen) als Hilfsleistungen betrachtet werden können und es andererseits Unterlassungen gibt, die als Hilfsleistungen zu bewerten sind. Ein Beispiel für letztere wäre ein Vermieter, der eine ausstehende Mietzahlung nicht einfordert; also allgemein das Erlassen von Schulden. Beispiele für positive Handlungen, die nicht in den Bereich der Wohltätigkeit fallen, sind Reparaturzahlungen oder Entschädigungen, die unter Umständen sehr hohe Kosten entstehen lassen können. So wird wohl niemand die Reinigung eines Flusses seitens eines Unternehmens, dass zuvor Abwässer in diesen Fluss geleitet hat, dem Bereich der Wohltätigkeit zuordnen wollen, selbst dann nicht, wenn dies für das Unternehmen den Konkurs bedeutete. Auch vorbeugende Schutzmaßnahmen, um andere nicht zu verletzten, wie beispielsweise die Reparatur der Bremsen am Auto, werden nicht als Akte der Barmherzigkeit bewertet. Ebenso kann man nicht alle Schädigungen, die durch ein bloßes Unterlassen hätten verhindert werden können, als Ungerechtigkeiten bezeichnen. Ansonsten müssten bei allen Interessenkonflikten, bei denen einer den kürzeren zieht, (beispielweise das Werben um eine attraktive Abendbegleitung), die Handlungen des Siegers als Ungerechtigkeiten beurteilt werden.

Es ist also nicht richtig, wohltätige Handlungen und gerechte Handlungen jeweils Tun und Unterlassen zuzuordnen und damit zugleich positive Rechte zu dem Bereich der Wohltätigkeit und negative Rechte zu dem der Gerechtigkeit zu zählen.

Will man der Kritik, dass positive Rechte zu viel vom Adressaten verlangen, entgehen, hilft es nicht weiter zu argumentieren, dass auch vermeintlich negative Freiheitsrechte positive Leistungen erfordern, wie Shue dies tut. Auch wenn man zeigen könnte, dass die Polizei viel mehr Kosten verschlingt als die Sozialämter, wären die Bedenken gegen soziale Rechte nicht ausgeräumt. Echte *Hilfsleistungen* dürfen nicht erzwungen werden. Stellen soziale Forderungen Hilfeleistungen dar, sind sie nicht zu rechtfertigen. Die Frage ist also, muss man die Pflichten, die aus sozialen Rechten erwachsen, als Hilfeleistungen verstehen oder nicht. Allerdings stellt, wie gezeigt, nicht jede positive Leistung eine Hilfsleistung dar. Wenn ich fahrlässig eine Vase zerbreche und sie hinterher klebe, oder ein Haus niederbrenne und hinterher für den Schaden aufkomme, dann stellt dies keine Hilfeleistung dar. Allerdings kann die gleiche Handlung auch eine Hilfeleistung darstellen, wenn ich nämlich handle, ohne verantwortlich für den Schaden zu sein. Betrachtet man nur die Handlung an sich bzw. die Mühe, die eine solche Handlung bereitet, ohne die Handlungsumstände zu berücksichtigen, kann man nicht entscheiden, ob es sich um eine Hilfeleistung handelt oder nicht. Ob Pflichten als Rechtspflichten anerkannt werden sollten, kann nur inhaltlich mit Hilfe einer Idee wie der der gleichen Freiheit geklärt werden. Auf die Einzelrechtsdiskussion der vorliegenden Arbeit angewandt, bedeutet dies, dass gefragt werden muss, ob die Verwirklichung des Rechtsinhalts *Arbeit* tatsächlich in den Aufgabenbereich des Staates fällt. Im folgenden Abschnitt über den Arbeitsbegriff soll auf diesen Rechtsinhalt genauer eingegangen werden.

I.2. *Arbeit* – Bestimmung des Arbeitsbegriffs

In der Alltagssprache wird der Wort *Arbeit* mehrdeutig verwendet. So werden beispielsweise sowohl Tätigkeiten, die Mühe bereiten, wie Gartenarbeit, als auch Tätigkeiten, die man nicht um ihrer selbst willen, sondern aus einer Verpflichtung heraus tut, wie Schularbeiten, als *Arbeit* bezeichnet. Auch wird *Arbeit* nicht nur auf Tätigkeiten, sondern auch auf das Produkt dieser Tätigkeiten, wie *Magisterarbeit*, angewandt.

Angelika Krebs macht acht verschiedene gängige Arbeitsbegriffe im Alltag wie in der Wissenschaft aus:[45]

1. Arbeit als zweckrationales Handeln umfasst alle die Tätigkeiten, die Mittel zu einem Zweck sind, wie Zähneputzen mit dem Ziel der Gesundheit.

2. Nach einem anderen Definitionsansatz werden alle mühevollen Tätigkeiten als Arbeit bezeichnet, das reicht vom Tragen schwerer Lasten bis zur *Trauerarbeit*.

3. Auch werden entlohnte Tätigkeiten als *Arbeit* oder *Erwerbsarbeit* bezeichnet.

4. Arbeit als Produktion von Gütern kann von der Bestimmung der Arbeit als zweckrationalem Handeln unterschieden werden, da auch durch Tätigkeiten, die um ihrer selbst willen getan werden, wie beispielsweise Musizieren, dennoch ein Produkt entstehen kann.

5. Eine Modifizierung dieser Definition der Arbeit, die Tätigkeiten ausschließen will, die man nur privat für sich tut, wie Sich-Gesundhalten, fasst

---

[45] Für die folgenden Ausführungen vgl.: Krebs, Arbeit und Liebe, S. 24ff.

Arbeit als Güterproduktion, bei der der Produzent durch eine dritte Person ersetzbar ist.

6. Auch findet sich ein Verständnis von Arbeit, nach dem die Tätigkeiten Arbeit darstellen, die zum Erhalt der Gesellschaft notwendig sind.

7. Manchmal werden auch die Tätigkeiten als Arbeit definiert, die für andere getan werden.

8. Angelika Krebs definiert Arbeit als eine Tätigkeit, die im Rahmen des gesellschaftlichen Leistungsaustauschs stattfindet.

Krebs entwickelt diesen „institutionellen Arbeitsbegriff" um zu zeigen, dass auch häusliche Fürsorgearbeiten an Kindern oder Kranken Arbeit darstellen und daher entlohnt werden müssten. Das Großziehen von Kindern, die als „öffentliche Güter" betrachtet werden müssten, sei in den gesellschaftlichen Leistungsaustausch zwischen Erziehenden und Kinderlosen eingebunden. Dies lasse sich daran verdeutlichen, dass ein gesellschaftlicher Substitutionsbedarf entstehe, wenn keine Kinder mehr großgezogen werden würden. *Arbeit* wird von Angelika Krebs von vornherein so definiert, dass eben auch die häuslichen Betreuungstätigkeiten darunter fallen. Sie entwickelt also einen Arbeitsbegriff, der alle die Tätigkeiten umfasst, die faktisch entlohnt werden und außerdem die bisher nicht entlohnte Familienarbeit. Angelika Krebs geht davon aus, dass der Arbeitsbegriff für den Zweck der Untersuchung zugeschnitten werden muss. Für ihre Untersuchung bedeutet dies: „Wir suchen also nach einem Arbeitsbegriff, der die menschlichen Tätigkeiten markiert, die gesellschaftlich-ökonomische Anerkennung verdienen."[46] Alle anderen Definitionen verwirft sie in Hinblick auf ihre Fragestellung, da diese entweder zu weit oder zu eng gefasst seien. Zu weit, da nach den meisten der eben vorgestellten Definitionen auch Hobbys und Tätigkeiten, die man privat für sich selbst oder andere verrichtet, als Arbeit gelten. Zu eng, insofern sie Familienarbeit nicht berücksichtigen, wie beispielsweise die Definition der Arbeit als entlohnte Tätigkeit.

Problematisch an Krebs` Bestimmung des Arbeitsbegriffs ist, dass sie sich eben nicht mit einer bloßen Bestimmung der *Arbeit* begnügt, sondern diese zur Grundlage ihrer moralischen Argumentation macht: Weil Betreuungstätigkeiten doch schließlich *Arbeit* seien – nach ihrer Definition - und Arbeit gesellschaftlich-ökonomische Anerkennung verdiene – nach ihrer Definition - , müssten sie auch entlohnt werden. Gegen ein solches Vorgehen hat bereits Schlothfeldt argumentiert: „Was sollte man sich überhaupt

[46] Krebs, Arbeit und Liebe, S. 23.

von einer Analyse des Arbeitsbegriffs erhoffen? [...] In Wahrheit handelt es sich hier um eine *Stipulation*. Das wäre nicht weiter problematisch, wenn dies nicht häufig damit verbunden würde, in den stipulierten Arbeitsbegriff alles hineinzulegen, was man nachher herausanalysieren will – sei es bezüglich der Bedeutung, die Arbeit für Menschen hat, sei es hinsichtlich der angestrebten normativen Ergebnisse. Auf diese Weise wird durch eine scheinbar begriffliche Untersuchung verdeckt, dass es sich im ersten Fall um empirische Vermutungen handelt, die belegt werden müssen, und im zweiten um normative Prinzipien, die zu begründen sind."[47]

Schlothfeldt wendet sich mit dieser Kritik insbesondere gegen Friedrich Kambartel, auf den sich auch Krebs stützt. Kambartel bestimmt (gesellschaftliche) Arbeit als Tätigkeit, die am allgemeinen, über moderne Formen der Arbeitsteilung organisierten Leistungsaustausch teilnimmt.[48] „Ein solcher Arbeitsbegriff, meint Kambartel, verfüge bereits über eine intern moralische Form; er beinhalte die Annahme einer Symmetrie der Leistungsverhältnisse, das heißt Vorstellungen von der Reziprozität von Rechten und Pflichten, von Geben und Nehmen. Moralische und politische, längst schon völkerrechtlich kodifizierte Forderungen – etwa das Recht auf Arbeit und Anerkennung sowie der Schutz vor Ausbeutung – werden hier also aus einer Definition gesellschaftlicher Arbeit heraus entwickelt und nicht eigens begründet."[49] Gegen Kambartel wendet Schlothfeldt ein: „Kambartel behauptet, dass aus seiner begrifflichen Untersuchung die von ihm vertretenen normativen Prinzipien (Recht auf Arbeit, Recht auf monetäre Anerkennung von Arbeit) folgen, und er macht dem gemäß auch keine Anstalten, für die normativen Ergebnisse zu argumentieren. Die Begründung für die überraschende These, Argumente wären hier unnötig, ist reichlich dunkel. Kambartel scheint ungefähr zu meinen, der Arbeitsbegriff sei selbst normativ. Nun scheint mir das nicht einmal auf seinen eigenen begrifflichen Vorschlag zuzutreffen (als Arbeit gelten Tätigkeiten, die am gesellschaftlich bestimmten Leistungsaustausch teilnehmen), aber selbst wenn es so wäre, dass „Arbeit" normative Konnotationen hat, könnten die entsprechenden Normen immer noch verfehlt sein."[50]

---

[47] Schlothfeldt, Braucht der Mensch Arbeit?, S. 719/720.
[48] Vgl.: Kambartel, Arbeit und Praxis.
[49] Sabine Gürtler, Einleitung zum Schwerpunkt „Arbeit und Gerechtigkeit" in der Deutschen Zeitschrift für Philosophie 49, 5, 2001, S. 686.
[50] Schlothfeldt, Braucht der Mensch Arbeit?, S. 720, Fußnote 29.

Schlothfeldt kann zugestimmt werden, dass die Definition von *Arbeit* und die normative Argumentation für ein Recht auf Arbeit auseinandergehalten werden sollten. Daher handelt es sich bei der folgenden Bestimmung von *Arbeit* also einfach um eine dem Zweck der Untersuchung gemäße Festlegung:

Ziel dieser Arbeit ist es, eine Begründung für ein Recht auf Arbeit zu finden. Dieses Ziel wurde eingangs auch als der Versuch vorgestellt, nach einer Begründung für die moralische Intuition vieler Arbeitsloser zu suchen, die ihre Situation als Ungerechtigkeit ansehen. Es geht also um eine normative Bewertung der Arbeitslosigkeit: Stellt diese ein Unrecht oder *nur* ein Übel dar? Was Arbeitslose aber verlangen, ist eine Tätigkeit, die so entlohnt wird, dass man mit ihr seinen Lebensunterhalt bestreiten kann. Solche Tätigkeiten fallen aber nicht unter eine Definition der Arbeit, die diese beispielsweise als mühevolles Tun bestimmt. Mühevoll ist auch die Arbeit im eigenen Garten, die aber das Problem der Arbeitslosigkeit nicht löst. *Arbeit* meint in dieser Untersuchung daher einfach *entlohnte Tätigkeit*, oder kurz *Erwerbsarbeit.*

Als *erwerbsarbeitslos* oder kurz *arbeitslos* soll jemand bezeichnet werden, der arbeiten will, aber keine Arbeit findet. *Arbeitslosigkeit* kann also als *unfreiwillige Nicht-Beschäftigung* definiert werden, wobei sich *Beschäftigung* auf eine entlohnte Tätigkeit bezieht.

Mit diesen Definitionen von *Arbeit* und *Arbeitslosigkeit* lassen sich auch vermeintliche „arbeitsgesellschaftliche Paradoxien", wie Ulrich Beck sie ausmacht, vermeiden: Beck fragt, wie es möglich sein soll, dass einerseits die Arbeit knapp wird, wir aber doch andererseits in einer „Arbeitsgesellschaft" leben, in der alles von Arbeit bestimmt wird. Beck gibt folgende Antwort: „Aber auch wer unbezahlt tätig ist, wer zu Hause kocht, leistet Arbeit: Hausarbeit." Er macht noch weitere unbezahlte Tätigkeiten aus, die als *Arbeit* bezeichnet werden: Beziehungsarbeit, Erziehungsarbeit, Betreuungsarbeit oder auch Regenerationsarbeit. Daraus zieht er den Schluss, dass es kein „Jenseits" der Arbeit gäbe. „Wir arbeiten immer mehr, da wir unter allen Umständen, in allen Lagen arbeiten. Anders gesagt: Im geschlossenen Zirkel der Arbeitsgesellschaft und ihres Wertimperialismus können wir *nicht nicht* arbeiten. Denn erst wenn es gelingt, unsere Tätigkeiten vor anderen und vor uns selbst als Arbeit auszuweisen, scheinen wir etwas Wertvolles und Sinnvolles zu tun."[51] Dazu soll folgendes angemerkt werden: Sicherlich kann man die These vertreten, dass in den modernen westlichen Gesellschaften ein Arbeitsethos vorherrscht, nach dem alles Tun irgendeiner sinnvollen Verwertung unterworfen werden muss. Man sollte aber doch beachten, dass es eben unterschiedliche Arbeitsbegriffe gibt. Und auch wenn *Beziehungs**arbeit*** mit dem gleichen Wort wie *Erwerbs**arbeit*** benannt wird, wird doch auf Unterschiedliches Bezug genommen. Beziehungsarbeit ist eben keine entlohnte Tätigkeit. Ansonsten müsste man zu dem Schluss kommen, dass ein Problem der Arbeitslosigkeit überhaupt nicht besteht, denn irgendeine Tätigkeit, die umgangssprachlich mit dem Wort *Arbeit* belegt wird, leisten wird doch alle: sei es Beziehungsarbeit, Partnerarbeit, Gartenarbeit etc. Dies hieße dann tatsächlich, - wie es den Arbeitsministern bei Veröffentlichung der Arbeitslosenstatistik immer wieder vorgehalten wird - dass Problem der Arbeitslosigkeit wegzudefinieren. Unter *Erwerbsarbeit* werden im folgenden daher einfach entlohnte Tätigkeiten verstanden.

Empirisch kann Erwerbsarbeit als die Produktion von Gütern charakterisiert werden. Als Güter sollen sowohl materielle Güter als auch immaterielle Güter, wie Dienstleistungen, zählen. Allerdings stellt nicht jede Produktion von Gütern Erwerbsarbeit dar, sondern nur die Güterproduktion, die Gewinn abwirft, mit der man seinen Lebensunterhalt bestreiten kann. In den modernen Gesellschaften ist die Erwerbsarbeit eingebunden in ein arbeitsteiliges System der Produktion und wird über Geld entlohnt. Unter Erwerbsarbeit oder kurz Arbeit werden im folgenden also alle diejenigen Tätigkeiten verstanden, die Teil des gesellschaftlichen Systems der Produktion sind und (angemessen) entlohnt werden. Wie eine *angemessene* Entlohnung aussieht, ist ebenfalls eine Frage der Gerechtigkeit, die aber zunächst zurückgestellt werden muss.

Der Begriff *Erwerbsarbeit* soll, wie bereits gesagt, nicht normativ bestimmt werden. Weder wird von einem negativen noch von einem idealisierten Arbeitsbegriff ausgegangen. Unter einem *negativen Arbeitsbegriff* verstehe ich eine Bestimmung der Arbeit, die den mühsamen, stupiden oder ausbeuterischen Charakter der meisten Arbeiten betont und für eine Gesellschaft eintritt, in der der Mensch nicht mehr arbeiten muss. Nach diesem negativen Arbeitsverständnis liegt der Orientierung der Menschen auf Arbeit ein kritikwürdiges Arbeitsethos zu Grunde. Unter einem *idealisierten*

---

[51] Beck, Wohin führt der Weg, der mit dem Ende der Vollbeschäftigungsgesellschaft beginnt?, S. 35.

Arbeitsbegriff verstehe ich eine Bestimmung der Arbeit, die Arbeit nicht nur als Güterproduktion definiert, sondern darüber hinaus noch von der anthropologischen Prämisse ausgeht, dass gerade diese Güterproduktion, bei der der Mensch seine spezifisch menschlichen Fähigkeiten einsetze, eine Tätigkeit sei, die dem menschlichen Leben erst einen Sinn gebe und durch die er sich als Mensch verwirklichen könne.
Diese zwei Arbeitsbegriffe stehen also für zwei unterschiedliche Konzeptionen des guten Lebens. Nach der einen ist das gute Leben nur mit, nach der anderen gerade ohne Arbeit zu erlangen. Keine dieser beiden Konzeptionen soll im folgenden bestätigt oder widerlegt werden, da sich diese Arbeit mit Fragen der Gerechtigkeit auseinandersetzt, die in der liberalen Tradition von Fragen nach dem Guten unterschieden werden können: Der Staat, der Gerechtigkeit durchsetzen soll, soll gegenüber dem Guten neutral sein. Es wird angenommen, dass die Beantwortung der Frage nach einem Recht auf Arbeit unabhängig von Annahmen über das gute Leben entschieden werden kann und muss. Weder liefert die arbeitsfreundliche Konzeption ein Argument für ein Recht auf Arbeit, noch die arbeitsablehnende ein Gegenargument.

Die arbeitsfreundliche Konzeption kann kein Argument für ein Recht auf Arbeit sein, da der Staat neutral gegenüber unterschiedlichen Vorstellungen des guten Lebens sein muss. Dieser Pflicht zur Neutralität kommt er mit einem Recht **zur** Arbeit jedoch nach: Jeder hat das Recht sich eine Arbeit zu suchen, genauso wie auch jeder das Recht hat, sich einen Ehepartner zu suchen. Aus der Pflicht zur Neutralität folgt aber nicht, dass der Staat bei der Suche eines Ehepartners oder auch eines Arbeitsplatzes behilflich sein muss. Dann müsste er auch Künstlern Farben und Pinsel bereitstellen und Luxusfanatikern eine Segeljacht. Der Staat muss jedem Menschen freistellen, wie er leben will, aber nicht das Ausleben jeder Vorstellung des guten Lebens sicherstellen. Aus der Pflicht zur Neutralität lässt sich ein Recht zur Arbeit aber kein Recht auf Arbeit ableiten. Dies schließt nicht aus, dass sich ein Recht auf Arbeit begründen lässt. Auch der besondere Schutz der Familie beispielsweise lässt sich sicher nicht durch Hinweis auf eine familienfreundliche Konzeption des guten Lebens begründen, aber vielleicht, wie Angelika Krebs dies tut, in dem man die besondere Bedeutung der Familie für die Gesellschaft herausarbeitet, Kinder als „öffentliche Güter" auszeichnet. In diesem Sinne kann man also ein Recht auf Arbeit nicht damit begründen, dass es sicherstellen muss, dass jeder seinen Traum eines Lebens mit Arbeit verwirklicht. Andere Möglichkeiten der Begründung sind Gegenstand des nächsten Kapitels.

Genauso wenig wie die arbeitsfreundliche Konzeption des guten Lebens ein Argument für ein Recht auf Arbeit liefert, liefert die arbeitsablehnende Konzeption des guten Lebens ein Gegenargument. Auf der Grundlage eines solchen negativen Arbeitsbegriffs könnte man sich gegen den Versuch, ein Recht auf Arbeit zu begründen, aussprechen. Ich denke aber, dass man einer solchen Kritik an einem Recht auf Arbeit entgehen kann, und zwar ohne den negativen Arbeitsbegriff angreifen zu müssen. Folgendes kann man einer Kritik am Recht auf Arbeit, die sich auf einen negativen Arbeitsbegriff stützt, entgegnen:

Der Staat soll Gerechtigkeit und nicht ein bestimmtes Konzept des guten Lebens durchsetzen. Ein (begründetes) Recht auf Arbeit nicht durchzusetzen mit der Begründung, dass Arbeit abzulehnen und nicht zu fördern sei, hieße aber umgekehrt, die Lebensvorstellung der Arbeits-Gegner zu fördern. Nimmt man also an, dass sich die Forderung nach Arbeit als Forderung der Gerechtigkeit begründen lässt, kann man diese Forderung der Gerechtigkeit nicht zugunsten eines Lebenskonzepts, das für ein arbeitsfreies Leben eintritt, zurückstellen. Dabei ist es egal, ob es gute Gründe für die Verurteilung der Arbeit gibt. Wenn jemand ein Recht auf Arbeit hat und von ihm Gebrauch machen will, darf man ihm dies nicht verwehren. Wenn die Menschen im Sinne der Arbeitsgegner Arbeit sowieso ablehnen, dann werden sie von ihrem Recht eben auch keinen Gebrauch machen. Im Rahmen dieser Arbeit soll ja auch nur für ein Recht auf Arbeit und nicht für den tatsächlichen Gebrauch eines Rechts auf Arbeit argumentiert werden. Wenn man jemanden davon überzeugen wollte, von seinem Recht auf Arbeit Gebrauch zu machen, dann müsste man wohl einen idealisierten Arbeitsbegriff zu Grunde legen. Dies ist aber nicht Ziel der Arbeit.

Kritiker eines Rechts auf Arbeit könnten auf dieses Neutralitäts-Argument vielleicht erwidern, dass nicht nur ein Leben ohne Arbeit einem mit Arbeit vorzuziehen sei, sondern dass Arbeit bzw. die Arbeitsverhältnisse selbst Unrecht seien. Aus diesem kritischen Blickwinkel könnte man sagen, dass die Forderung nach einem Recht auf Arbeit der Forderung nach einem Recht auf *Ausbeutung* gleichkäme. Dem kann aber entgegen gehalten werden, dass in diesem Fall die Verhältnisse, die ungerecht sind, geändert werden müssten durch eine andere Arbeitsplatzgestaltung, andere Arbeitszeiten, Entlohnung etc.. Man kann aber eben nicht versuchen, das Unrecht klein zu halten, indem man einigen eine Arbeit verwehrt. Zwar ist es möglich, Rechte einzuschränken, um Unrecht zu verhindern, dies muss aber begründet werden. Ein Staat kann beispielsweise auch nicht beliebig die Bewegungsfreiheit einschränken und eine Ausgangssperre verhängen, um die Bürger vor Überfallen zu schützen, anstatt zu versuchen, die Kriminalität zu bekämpfen. Ansonsten könnten man auch Frauen das Recht auf freie Berufswahl verwehren mit dem Hinweis, dass sie an einigen Arbeitsstellen sowieso nur diskriminiert werden würden; oder auch die Bewegungsfreiheit von Ausländern einschränken mit dem Hinweis, dass sie in einigen Stadtteilen überfallen werden könnten. Außerdem ist es heute faktisch so, dass viele Menschen arbeiten. Wenn man den Arbeitslosen ein Recht auf Arbeit verwehren will, um sie vor Unrecht zu bewahren, müsste man dies auch mit den Arbeitenden tun, da beide Gruppen ansonsten rechtlich nicht gleichgestellt wären. Man kann also nicht versuchen, Unrecht zu vermeiden, indem man allein den Arbeitslosen ihr Recht auf Arbeit verwehrt. Auch aus einem negativen Arbeitsverständnis lässt sich daher kein Gegenargument gegen ein Recht auf Arbeit ableiten.

Unter einer Vielzahl von Möglichkeiten, Arbeit zu bestimmen, wurde also folgende nach dem Gesichtspunkt ausgewählt, ob sie für die Untersuchung des normativen Problems der Erwerbsarbeitslosigkeit geeignet scheint: Als Arbeit werden diejenigen Tätigkeiten bezeichnet, die Teil des gesellschaftlichen Systems der Produktion sind und (angemessen) entlohnt werden.

I.3. Gibt es ein *Menschenrecht auf Arbeit*? – Erläuterung der leitenden Fragestellung

Die Frage, ob es ein Menschenrecht auf Arbeit gibt, lässt sich vor dem Hintergrund der bisherigen Ausführungen nun folgendermaßen erläutern: Ein Recht auf Arbeit soll bedeuten, dass der Einzelne einen staatlich zu schützenden und zu garantierenden Anspruch auf eine Tätigkeit hat, die Teil des gesellschaftlichen Systems der Produktion ist und entlohnt wird. Es gibt grundsätzlich zwei Möglichkeiten, diesen Anspruch durchzusetzen: Entweder es wird ein zweiter Arbeitsmarkt errichtet oder die vorhandenen Arbeitsplätze in der Wirtschaft müssen neu verteilt werden. Bei der ersten Variante müsste der Staat entweder selbst Arbeitsplätze schaffen oder Gelder hierfür bereitstellen. Bei der zweiten Variante müsste der Staat Gesetze entwickeln, die Arbeitgeber und Arbeitnehmer zwingen, Arbeitssuchende, etwa durch Arbeitsplatzteilung, zu integrieren. Welche Variante sich legitimieren lässt, hängt von der Begründung eines Rechts auf Arbeit ab und wird noch zu diskutieren sein.

Eine Begründung eines Rechts auf Arbeit muss der Einteilung der Moral in die beiden Bereiche der Gerechtigkeit und der Wohltätigkeit Rechnung tragen und ein Recht auf Arbeit als eine Forderung der Gerechtigkeit ausweisen. Damit sind die Möglichkeiten der Begründung eingeschränkt. Folgende moralphilosophische Ansätze, mit denen man eventuell einen Anspruch auf Arbeit begründen könnte, lassen sich daher schon von vornherein ausschließen:

Im Utilitarismus wie auch der Konsensethik haben Menschenrechte, verstanden als unveräußerliche Ansprüche, als „Trumpfkarten", die der Einzelne gegenüber kollektivistischen Interessen geltend machen kann, keinen Platz. Nach Steinvorth sind die Menschenrechte im Utilitarismus oder auch der Konsensethik Konsequenzen oder Voraussetzungen dessen, was sie als eigentliches Moralprinzip betrachten: das Prinzip, Glück zu maximieren bzw. das Prinzip der Verallgemeinerbarkeit oder Konsensfähigkeit. Ein unreduzierbarer Inhalt der Moral oder der Gerechtigkeit seien sie dagegen nach diesen beiden Richtungen nicht.[52]

Auch werden Begründungen nicht akzeptiert, die zwar die Unterteilung der Moral in einen Bereich der Gerechtigkeit und einen der Wohltätigkeit anerkennen, aber soziale Forderungen dem Bereich der Wohltätigkeit zuordnen. Wolfgang Kersting beispielsweise macht auf die besondere Legitimationsbedürftigkeit erzwingbarer Pflichten aufmerksam, der zugestimmt werden kann: „Nur zu oft wird übersehen, dass die Benevolenz wohlfahrtsstaatlicher Verteilungen auf einem Sockel erzwungener Abgaben beruht. Ein Sozialstaatsbeweis muss daher einsichtig machen, dass die sozialstaatliche Umverteilung nicht nur moralisch wünschenswert oder gerechtigkeitstheoretisch erforderlich, sondern vor allem auch legitim erzwingbar ist."[53] Zugleich geht er davon aus, dass Hilfeleistungen niemals erzwungen werden dürfen: „Die Erfüllung von Rechtspflichten, die Handlungsweisen zum Inhalt haben, die wir anderen schulden, kann erzwungen und folglich auch der effektiven Koordination der staatlichen Zwangsordnung überantwortet werden. Mildtätigkeit, Barmherzigkeit, Hilfsbereitschaft, Solidarität jedoch sind moralische Einstellungen, Tugenden, denen auf Seiten des Hilfsbedürftigen

---

[52] Steinvorth, Menschenrecht und Sozialstaat, S. 9.
[53] Kersting, Theorien sozialer Gerechtigkeit, S. 1.

keinesfalls ein erzwingbarer Rechtsanspruch gegenübersteht."[54] Allerdings behauptet Kersting, dass sich soziale Forderungen gerade nicht dem Bereich der Gerechtigkeit zuordnen lassen: „Der Wohlfahrtsstaat ist jedoch keine menschenrechtlich ausweisbare Schuldigkeit, denn innerhalb des menschenrechtlichen Basisdiskurses lässt sich kein Konzept der sozialen Gerechtigkeit entwickeln, kein menschenrechtlicher Anspruch auf einen gleichen oder wie immer gearteten Teil der kooperativ erwirtschafteten Güter einer kontingenten politischen Gemeinschaft."[55] Die Begründung des Sozialstaates muss also im Bereich der Wohltätigkeit angesiedelt werden: „[E]ine politische Philosophie des Sozialstaats muss scheitern, wenn sie die Verteilungsgerechtigkeit nicht aus den abstrakten rechtlichen Rechtfertigungskonstruktionen herausnimmt und als bedürftigkeitsorientierte Hilfeleistung und mitbürgerliche Sorge in der politische Solidarität eines Gemeinwesens verankert."[56] Wolfgang Kersting verneint somit die Begründbarkeit eines menschenrechtlichen Anspruchs auf Arbeit.

Aus dem zugrunde gelegten Moralverständnis, nach dem das Recht mit Zwang verbunden ist und sich von der Wohltätigkeit abgrenzen lässt, folgt also, dass einige moralphilosophische Ansätze ein solches Recht auf Arbeit nicht begründen können. Es hat sich aber auch gezeigt, dass, selbst wenn sich ein Recht auf Arbeit nicht begründen lässt, man deshalb von einer moralischen Forderung nach Arbeit nicht gleich gänzlich absehen muss:

Erstens könnte sie sich zumindest als eine Forderung der Wohltätigkeit begründen lassen. Der Einsatz staatlichen Zwanges zu ihrer Erfüllung wäre allerdings nicht legitim.

Zweitens ließen sich eventuell staatliche, dem staatlichen Zwang unterstehende Arbeitsbeschaffungsmaßnahmen rechtfertigen, indem man sie als Maßnahmen zur Sicherung der Freiheitsrechte, des sozialen Friedens, ausweist. Staatliche Beschäftigungspolitik und die dafür erhobenen Steuern hätten also die gleiche Funktion und wären genauso legitimiert wie beispielsweise die Polizei. Allerdings wären diese Maßnahmen dann nur als Mittel zum Schutz von Freiheitsrechten und nicht selbst als Rechte legitimiert.[57] Im folgenden wird allerdings nach einer Begründung eines Rechtsanspruchs gesucht.

---

[54] Ebd. S. 164.
[55] Ebd. S. 397.
[56] Ebd. S. 25.
[57] Dieses Argument zielt auf den Schutz der Freiheitsrechte ab und ist zu unterscheiden von einem Argument, nach dem soziale Rechte als Sicherstellung gleicher Wahrnehmungs-

II. Begründungen eines Rechts auf Arbeit

II.1. Drei alternative Begründungsstrategien für ein Recht auf Arbeit: die Bedürfnis-, die Gleichverteilungs- und die Eigentumsauffassung

Natürlich können nicht alle Begründungen, die je für ein Recht auf Arbeit vorgebracht wurden, in dieser Arbeit berücksichtigt werden. Daher soll in diesem Abschnitt eine angemessene idealtypische Unterscheidung alternativer Begründungsstrategien eines Rechts auf Arbeit erarbeitet werden, um dann in den anschließenden Abschnitten jeweils einen Vertreter dieser Begründungen vorzustellen. Eine solche Klassifizierung der Begründungen findet sich zum Beispiel bei Angelika Krebs, Sabine Gürtler und Stefan Gosepath. Auch wenn die Klassifizierungsvorschläge der drei Autoren nicht oder nur in Teilen als sinnvoll erachtet werden, sollen sie dennoch vollständig vorgestellt werden, um einen Überblick darüber zu geben, welche Begründungsmöglichkeiten für ein Recht auf Arbeit in der Philosophie gegenwärtig diskutiert werden. Gosepaths Einteilung bezieht sich zwar nicht speziell auf ein Recht auf Arbeit, sondern auf soziale Menschenrechte insgesamt, scheint aber auch für eine Einteilung der Begründungen eines Rechts auf Arbeit hilfreich zu sein. Im folgenden sollen die Klassifizierungsvorschläge von Gosepath, Krebs und Gürtler der Reihe nach diskutiert werden. Einige Begründungsstrategien werden übernommen, andere verworfen, so dass zum Schluss eine neue und angemessene Klassifikation der Begründungen eines Rechts auf Arbeit gewonnen wird: die Bedürfnis-, die Gleichverteilungs- und die Eigentumsauffassung werden als alternative Begründungsstrategien voneinander unterschieden.

1. Stefan Gosepaths Klassifzierung der Begründungen sozialer Menschenrechte: Gospath unterscheidet drei alternative Begründungsstrategien sozialer Menschenrechte, nämlich die Bedürfnisauffassung, die Gleichverteilungsauffassung und die Freiheitsauffassung.

Die Bedürfnisauffassung begründe soziale Menschenrechte damit, dass diese besonders wichtige, grundlegende menschliche Bedürfnisse absichern. Durch soziale Menschenrechte könne Leid vermieden werden. Stefan Schlothfeldts Begründung eines Rechts auf Arbeit lässt sich dieser Bedürfnisauffassung zuordnen. Schlothfeldt fasst die „Teilhabe an der Erwerbsar-

---

chancen von Freiheitsrechten begründet werden können. Letzteres wird im folgenden Abschnitt unter dem Stichwort „Freiheitsauffassung“ erörtert.

beit“ als ein „soziales Bedürfnis“ auf, das gesetzlich abgesichert werden müsse. Im folgenden Abschnitt II.2.1. soll diese Begründung vorgestellt werden.
Nach der Gleichverteilungsauffassung, für die Gosepath selbst eintritt, verlange die Moral der gleichen Achtung „[...] alle erwünschten Güter und unerwünschten Lasten sowie alle Vor- und Nachteile des menschlichen Zusammenlebens, über die wir zusammen die Kontrolle haben und die wir verteilen können, als zu verteilende Güter anzusehen.“[58] und sie gleich zu verteilen. Abweichungen von dem Prinzip der Gleichverteilung müssten gerechtfertigt werden. Walter Pfannkuches Begründung eines Rechts auf Arbeit kann dieser Auffassung zugeordnet werden: Arbeitsplätze seien verteilbare Güter, die auf Grund ihrer besonderen Bedeutung für das Wohlbefinden rechtlichen Schutz genießen müssten. Dieser Schutz umfasst die Aufteilung der vorhandenen Arbeitsplätze unter allen, die Arbeit suchen, das heißt, Arbeitsplätze müssen, notfalls auch mit Zwang, geteilt werden. Pfannkuches Begründung eines Rechts auf Arbeit soll in Abschnitt II.2.2. vorgestellt werden.

Nach der Freiheitsauffassung werden soziale Menschenrechte damit begründet, dass durch sie sichergestellt werden soll, dass Freiheitsrechte von allen wahrgenommen werden können. Die sozialen Rechte sollen die gleichen Nutzungschancen von Freiheitsrechten ermöglichen. Robert Alexy beispielsweise lässt sich mit seiner Begründung sozialer Rechte dieser Auffassung zuordnen: „Das Hauptargument für soziale Grundrechte ist ein Freiheitsargument, [nach dem] *rechtliche* Freiheit, also die rechtliche Erlaubnis, etwas zu tun oder zu lassen, ohne *faktische* (wirkliche/reale) Freiheit, also die tatsächliche Möglichkeit, zwischen dem Erlaubten zu wählen, wertlos ist.“[59] Allerdings räumt Alexy selbst ein, dass gegen dieses Argument die Kollision zwischen sozialen Rechten und Freiheitsrechten spricht. „Der Staat kann in Erfüllung sozialer Grundrechte nur das verteilen, was er sich, etwa in Form der Abgabenerhebung, von anderen holt. Dies aber heißt, dass die viel erwähnten Grenzen der Leistungsfähigkeit des Staates sich nicht nur daraus ergeben, was überhaupt an verteilbaren Gütern vorhanden ist, sondern wesentlich auch daraus, was der Staat den Eigentümern dieser Güter zu Verteilungszwecken nehmen darf, ohne gegen deren Grundrechte

---

[58] Gosepath, Zur Begründung sozialer Menschenrechte, S. 175.
[59] Alexy, Theorie der Grundrechte, S. 458.

zu verstoßen."[60] Alexy behauptet, dass sich minimale soziale Grundrechte, wie beispielsweise ein Recht auf ein Existenzminimum, dennoch rechtfertigen ließen, wenn das Prinzip der faktischen Freiheit sie sehr dringend fordere. Aber auch Alexy rechnet zu diesen minimalen sozialen Grundrechten nicht ein Recht auf Arbeit. Die Freiheitsauffassung sowohl in ihrer allgemeinen Form als auch bezogen auf ein Recht auf Arbeit halte ich nicht für überzeugend. Sicher ist es richtig, dass eine ungenügende materielle Ausstattung die Wahrnehmung von Freiheitsrechten gefährdet. Man kann sich aber nicht auf die Wahrnehmungschancen von Freiheitsrechten berufen, um soziale Maßnahmen zu rechtfertigen, die Freiheits- bzw. Eigentumsrechte (vermeintlich) verletzen. Damit entzieht sich die Argumentation selbst ihre Grundlage. Unter die zu diskutierenden alternativen Begründungsstrategien soll die Freiheitsauffassung daher nicht aufgenommen werden.

Zusammenfassend kann also festgehalten werden, dass ich aus Gosepaths Klassifikation die Bedürfnis- und Gleichverteilungsauffassung als alternative Begründungsstrategien eines Rechts auf Arbeit übernehme, da gegen sie zumindest auf den ersten Blick keine schlagenden Einwände angeführt werden konnten.

2. Angelika Krebs' Klassifizierung der Begründungen eines Rechts auf Arbeit: Krebs unterscheidet fünf verschiedene Begründungsstrategien eines Rechts auf Arbeit, die alle verschiedene positive Funktionen von Arbeit benennen: 1. Arbeit verleihe dem Leben Sinn, 2. Arbeit schaffe soziale Kontakte, 3. Arbeit strukturiere das Leben, 4. Arbeit sichere die Existenz und 5. Arbeit stelle soziale Anerkennung und Zughörigkeit in den modernen „Arbeitsgesellschaften" her. Die ersten vier Begründungen verwirft Krebs alle jeweils mit dem Hinweis darauf, dass Arbeit nicht notwendig für die Erlangung dieser positiven Wirkungen sei und durch andere Maßnahmen leicht ersetzt werden könnte. Soziale Teilhabe sei allerdings nur über Arbeit herzustellen. Ob Krebs' Kritik an den vier Begründungen und ihre eigene Begründung überzeugend ist, sei zunächst dahingestellt. Keine dieser fünf Begründungen soll im folgenden als eine eigenständige Begründungsstrategie übernommen werden, da sie sich alle unter die Bedürfnisauffassung subsumieren lassen. Die im folgenden noch vorzustellende Bedürfnisauffassung von Schlothfeldt setzt sich auch mit allen von Krebs genannten positiven Folgen der Arbeit auseinander.

---

[60] Ebd. S. 464.

Zusammenfassend kann daher festgehalten werden, dass aus der von Angelika Krebs vorgeschlagenen Klassifikation keine Begründungsstrategie übernommen werden soll.

Stattdessen soll noch eine weitere Begründungsstrategie vorgestellt werden, die ich als *Eigentumsauffassung* bezeichnen möchte. Nach dieser Auffassung wird das Recht auf Arbeit als ein Eigentumsrecht gerechtfertigt. Bei Sabine Gürtler klingt diese Begründung an, vermischt sich allerdings mit der Freiheitsauffassung.

3. Sabine Gürtlers Klassifikation der Begründungen eines Rechts auf Arbeit: Sie unterscheidet drei Begründungen, nämlich eine naturrechtlich-rechtsphilosophische, eine geschichtsphilosophisch-anthropologische und eine moralisch-ethische.

Der naturrechtlich-rechtsphilosophischen Begründung, so wie Gürtler sie beschreibt, lassen sich zwei der bisher genannten Begründungsstrategien entnehmen: die Freiheitsauffassung und die Eigentumsauffassung. Gürtler selbst scheint das von ihr als naturrechtlich-rechtsphilosophisch bezeichnete Argument in der von Gosepath charakterisierten Freiheitsauffassung wiederzufinden, da sie in ihrer Beschreibung Gosepath zitiert: „Zwei wichtige Freiheitstheoretiker der Moderne [Hegel, Fichte] haben also ganz offenbar ein waches Bewusstsein davon, dass sie um der Sicherung der Freiheit willen «etwas anderes als Freiheit für den fundamentaleren zu schützenden Wert erachten [müssen], nämlich [den] Schutz von Leib und Leben» (Gosepath, 1998, S. 165.).“[61] Allerdings spricht Gürtler auch davon, dass Arbeitslosigkeit „das Recht auf Teilhabe am Gemeineigentum“ verletze. Eine solche Argumentation ist aber zu unterscheiden von der Freiheitsauffassung. Die Freiheitsauffassung sieht Freiheitsrechte indirekt durch ungleiche Wahrnehmungschancen gefährdet. Argumentiert man aber, dass Arbeitslosigkeit das Recht auf Teilhabe am Gemeineigentum verletze, dann stellt nach dieser Auffassung Arbeitslosigkeit einen direkten Rechtsbruch dar. Diese Argumentation soll als *Eigentumsauffassung* bezeichnet werden. Die Eigentumsauffassung soll in Abschnitt II.2.3. mit Ulrich Steinvorths Begründung eines Rechts auf Arbeit vorgestellt werden. Ulrich Steinvorth wird der Eigentumsauffassung zugeordnet, da er ein Recht auf Arbeit als Sicherung des Zugangs zu den natürlichen Ressourcen begründet. Angelika Krebs beispielsweise hat Steinvorths Begründung der Arbeit-verleiht-dem-Leben-Sinn-Argumentation zugeordnet. Dieser Zuordnung wird aber nicht zuge-

[61] Gürtler, Drei philosophische Argumente für ein Recht auf Arbeit, S. 876.

stimmt, da Steinvorth zwar von einem idealisierten Arbeitsbegriff ausgeht, der aber für seine Argumentation nicht zwingend notwendig ist.

Zusammenfassend kann festgehalten werden, dass Sabine Gürtlers Beschreibung der naturrechtlich-rechtsphilosophischen Begründung eine weitere Begründungsmöglichkeit eines Rechts auf Arbeit entnommen werden kann, nämlich die Eigentumsauffassung. Die anderen von ihr behandelten Begründungen eines Rechts auf Arbeit, die geschichtsphilosophisch-anthropologische und die moralisch-ethische, sollen nicht in die Klassifikation übernommen werden, da auch sie sich der Bedürfnisauffassung unterordnen lassen:

In ihrer Beschreibung des geschichtsphilosophisch-anthropologischen Arguments geht Gürtler von einem idealisierten Arbeitsbegriff aus. „Das Recht auf Arbeit lässt sich aus dem positiven Gehalt der Arbeitstätigkeit heraus begründen. [...] Unfreiwillige Arbeitslosigkeit gefährdet die Zukunftsorientierung und damit die Sinnhaftigkeit menschlichen Lebens überhaupt, und beraubt den Betroffenen der Möglichkeit, seine produktiven Fähigkeiten auszubilden und zu betätigen.“[62] Begründungen, die mit der Sinnhaftigkeit des Lebens argumentieren, sollen aber nicht behandelt werden. Versteht man die Begründung allerdings so, dass es nicht um das gute Leben, sondern um Bedürfnisse geht, kann sie aber der Bedürfnisauffassung zugeordnet werden. Daher soll auch das geschichtsphilosophisch-anthropologische Argument nicht als eine weitere Begründungsstrategie aufgenommen werden, genauso wenig wie das moralisch-ethische Argument. Nach letzterem sichert ein Recht auf Arbeit die Teilnahme am gesellschaftlichen Leistungsaustausch. Mit diesem Argument begründet aber auch Schlothfeldts Bedürfnisauffassung ein Recht auf Arbeit, das im folgenden Abschnitt vorgestellt werden soll.

Zusammenfassend kann somit festgehalten werden, dass in dieser Arbeit drei alternative Begründungsstrategien für ein Recht auf Arbeit unterschieden werden: die Bedürfnis-, die Gleichverteilungs- und die Eigentumsauffassung.

---

[62] Ebd. S. 879.

II.2. Darstellung der Begründungsstrategien

Im folgenden sollen diese drei Begründungsstrategien jeweils an Hand eines Vertreters vorgestellt werden. Kritik an den Begründungen soll in diesem Abschnitt II.2. noch nicht geübt werden, sondern erst in dem anschließenden Abschnitt II.3., wenn alle Begründungen dargestellt wurden. Dies hat den Vorteil, dass in der Diskussion der Begründungen diese auch miteinander verglichen und kritisiert werden können.

2.1. Die Bedürfnisauffassung: Das Recht auf Arbeit als Absicherung gegen eine marginale soziale Position

Stephan Schlothfeldt[63] versteht seine Begründung eines Rechts auf Arbeit als eine Rechtfertigung eines individuellen Anspruchs auf Beteiligung an der Erwerbsarbeit. Ausgehend von einer normativen Theorie, in der neben der „Realisierung von Lebensplänen“ auch das „Wohlergehen“ ein eigenständiges Gewicht erhält, und der empirischen Prämisse, dass eine akzeptable soziale Position eine Voraussetzung des Wohlergehens sei, leitet Schlothfeldt einen Anspruch auf eine Absicherung gegen eine „marginale soziale Position“ ab. Dieser Anspruch müsse unter den gegenwärtigen sozio-ökonomischen Bedingungen die Form eines Rechts auf Teilhabe an der Erwerbsarbeit annehmen.

Ausgangspunkt von Schlothfeldts Überlegungen ist die Bestimmung des Arbeitsbegriffs. Da sich seine Untersuchung mit dem Problem der Erwerbsarbeitslosigkeit auseinandersetzt, ist für ihn eine Bestimmung des Arbeitsbegriffs gleichbedeutend mit einer Definition der „Erwerbsarbeit“. Er definiert Erwerbsarbeit in drei Schritten als eine Teilmenge „ökonomischer Arbeit“, die selbst wiederum Teilmenge „gesellschaftlicher Arbeit“ sei. Unter gesellschaftlicher Arbeit versteht er Tätigkeiten für die Gesellschaft. Dieses „für die Gesellschaft“ ist nicht etwa so zu verstehen, dass die Arbeiten einen näher zu bestimmenden Nutzen für die Gesellschaft haben müssen, sondern meint einfach, dass die Tätigkeiten einem „offenen Empfängerkreis“ zugute kommen. Die Tätigkeiten richten sich somit an beliebige Gesellschaftsmit-

[63] Die folgende Darstellung von Schlothfeldts Begründung eines Rechts auf Arbeit stützt sich auf seine Monographie „Erwerbsarbeitslosigkeit als sozialethisches Problem“ und seinen Aufsatz „Ein Recht auf Beteiligung an der Erwerbsarbeit“.

glieder, sind also gerade zu unterscheiden von Tätigkeiten für Freunde, Verwandte oder einfach einen selbst. Unter gesellschaftliche Arbeit fallen also sowohl entlohnte als auch ehrenamtliche Tätigkeiten. Eine Teilmenge der gesellschaftlichen Arbeit ist die „ökonomische Arbeit". Der Begriff der ökonomischen Arbeit knüpfe an die Tatsache an, „[...]dass in modernen Ökonomien ein komplexer indirekter Leistungsaustausch stattfindet, [in dem] Personen [...] spezifische Aufgaben [übernehmen], die für einen offenen Empfängerkreis angeboten und darüber hinaus durch Geld entlohnt werden. [...] Ob die Tätigkeiten direkt von den Nutznießern vergütet werden, ob ein Lohn durch einen Arbeitgeber ausgezahlt wird oder ob eine staatliche Instanz eine für wichtig befundene Leistung honoriert, kann offen bleiben."[64] Die Teilmenge der ökonomischen Arbeit, die nicht nur durch eine Gegenleistung vergütet werde, sondern die den Lebensunterhalt sichere und so für finanzielle Unabhängigkeit sorge, könne als „Erwerbsarbeit" bestimmt werden.

Ausgehend von dieser Charakterisierung der Erwerbsarbeit als einer gesellschaftlichen Tätigkeit, die am ökonomischen Leistungsaustausch teilnimmt und die finanzielle Unabhängigkeit ermöglicht, betrachtet Schlothfeldt empirisch nachweisbare negative Folgen der Erwerbsarbeitslosigkeit unter dem Gesichtspunkt, ob diese nur durch Erwerbsarbeit oder aber auch durch andere Maßnahmen verhindert werden können. Er kommt zu dem Schluss, dass es negative Folgen für den Einzelnen durch Erwerbsarbeitslosigkeit gibt, die nur durch die Beteiligung an der Erwerbsarbeit verhindert werden könnten. Er beschreibt diese Folgen zusammenfassend als das Abrutschen in eine „marginale soziale Position", welches dazu führe, dass das Wohlergehen der Betroffenen erheblich beeinträchtigt werde. Das Einnehmen einer (relativ) akzeptablen sozialen Position fasst er als ein „soziales Bedürfnis" auf, dessen Erfüllung eine Voraussetzung des Wohlergehens sei.

In einem zweiten Schritt argumentiert er dann für eine normative Theorie, die das Wohlbefinden als ein normativ zu berücksichtigendes Interesse von Personen achtet und Bedürfnisse bei Verteilungsfragen mit in Rechnung stellt. Theorien, die sich nur auf die Realisierung von Lebensplänen konzentrierten, wie beispielsweise Rawls' Theorie, könnten dem Problem der Erwerbsarbeitslosigkeit nicht gerecht werden, da für die Verfolgung eines beliebigen Lebensplanes Erwerbsarbeit nicht notwendig sei, sondern der Lohn bzw. eine finanzielle Absicherung ausreiche. Verleihe man aber dem

[64] Schlothfeldt, Erwerbsarbeitslosigkeit als sozialethisches Problem, S. 57.

Wohlbefinden ein eigenständiges Gewicht in einer Theorie wie der von Rawls, würde hinter dem Schleier des Nichtwissens eine Absicherung gegen das Abrutschen in eine marginale soziale Position gewählt werden. Unter den gegenwärtigen sozio-ökonomischen Bedingungen bedeutet dies, dass sich Individuen aus einer unparteiischen Perspektive für ein Recht auf Arbeit entscheiden würden.

Zunächst zu Schlothfeldts empirischer Prämisse, dass das Wohlbefinden von Erwerbsarbeitslosen erheblich beeinträchtigt wird, weil sie in eine marginale soziale Position abrutschen: Schlothfeldt zählt eine ganze Reihe negativer Folgen der Erwerbsarbeitslosigkeit auf. Während allerdings einige dieser negativen Folgen, wie der Verlust einer Zeitstruktur, regelmäßiger Betätigung oder sozialer Kontakte auch durch andere Maßnahmen behoben werden könnten, wie z.B. ehrenamtlich Tätigkeiten oder Hobbys etc., gelte dies für andere Folgen nicht: (Relative) ökonomische Schlechterstellung, finanzielle Abhängigkeit, mangelnde Beteiligung an den gesellschaftlichen Aktivitäten und der Verlust der gesellschaftlichen Anerkennung können unter den gegenwärtigen sozio-ökonomischen Bedingungen nur durch die Teilnahme am ökonomischen Leistungsaustausch und somit der Erwerbsarbeit vermieden werden. Die einzige Alternative bestände darin, die dominante Rolle des ökonomischen Leistungsaustauschs abzuschwächen. Dazu müssten aber „utopisch anmutende“ Veränderungen der sozio-ökonomischen Grundbedingungen vorgenommen werden; die Ökonomie müsste anders als über einen Leistungsaustausch organisiert werden. Auch ein arbeitsunabhängiges Grundeinkommen könne die Dominanz der Erwerbsarbeit nicht so einfach brechen.

Erwerbsarbeitslosigkeit bedeutet demnach Ausschluss aus dem ökonomischen Leistungsaustausch. „Dieser Ausschluss hat mehrere gravierende Konsequenzen: Einerseits müssen die Betroffenen erhebliche finanzielle Einschränkungen hinnehmen; zumindest Dauerarbeitslose bleiben weit unter dem durchschnittlichen Lebensstandard. Andererseits erhalten Erwerbsarbeitslose ihren Lebensunterhalt nicht als Gegenleistung für Arbeitstätigkeiten, sondern als Unterstützung. Drittens sind Arbeitslose an zentralen gesellschaftlichen Aktivitäten nicht beteiligt. Viertens laufen sie bei einem langfristigen Ausschluss von der Erwerbstätigkeit Gefahr, einen anerkannten gesellschaftlichen Status zu verlieren. Im Vergleich zur Mehrheit der Bevölkerung sind insbesondere Dauerarbeitslose offenbar in mehreren Hinsichten deutlich schlechter gestellt. Man kann davon sprechen, dass sie in eine *marginale soziale Position* geraten."[65]

Eine „soziale Position" wird nach Schlothfeldt durch soziale Vergleiche bestimmt. Die Vergleiche können an Hand verschiedener Dimensionen angestellt werden, maßgeblich an Hand der finanziellen Ausstattung, der sozialen Chancen, der sozialen Anerkennung und der gesellschaftlichen Beteiligung. Von einer „marginalen sozialen Position" spricht Schlothfeldt, „[...] wenn Personen(gruppen) in allen wesentliche Dimensionen deutlich schlechter gestellt sind als die Mehrheit der Bevölkerung. Dies ist [...] in der Regel der Fall, wenn Personen dauerhaft aus der Erwerbsarbeit ausgeschlossen sind."[66]

Die negativen Folgen der Erwerbsarbeitslosigkeit lassen sich demnach als Abrutschen in eine marginale soziale Position zusammenfassen. Ein sekundärer Effekt dieser Folge sei nun, dass Arbeitslose schwere psychische Beeinträchtigungen aufweisen, ihr Wohlbefinden also erheblich gemindert ist. Die Marginalisierung führe zu fehlendem Selbstvertrauen, Schamgefühlen und Motivationslosigkeit. Aktivitäten würden eingestellt und persönliche Beziehungen abgebrochen. „Empirische Untersuchungen belegen, dass insbesondere bei Dauerarbeitslosen psychische Beschwerden wie Ängstlichkeit, Depressivität und fehlendes Selbstvertrauen verstärkt auftreten. [...] Personen brauchen zumindest eine zeitweilige Beteiligung an der Erwerbsarbeit, um nicht in eine marginale gesellschaftliche Position zu geraten, aus der offenbar gravierende negative Auswirkungen auf das Wohlergehen resultieren."[67]

Der erste Teil von Schlothfeldts Argumentation für ein Recht auf Arbeit lässt sich also in den beiden empirischen Prämissen zusammenfassen, dass erstens das Wohlbefinden durch das Abrutschen in eine marginale soziale Position erheblich beeinträchtigt wird, und dass zweitens Erwerbsarbeitslosigkeit eine marginale soziale Position mit sich bringt.

Im zweiten Teil von Schlothfeldts Argumentation wird das Wohlbefinden als wichtiges Element einer normativen Theorie ausgewiesen. Er argumentiert für eine solche Theorie insbesondere in Anlehnung und kritischer Auseinandersetzung mit John Rawls[68]. Rawls stelle das Interesse von Per-

---

[65] Schlothfeldt, Erwerbsarbeitslosigkeit als sozialethisches Problem, S. 42/43.
[66] Ebd., S. 62.
[67] Schlothfeldt, Ein Recht auf Beteiligung an der Erwerbsarbeit, S. 375 und S. 378.
[68] Im folgenden soll es zunächst einmal nur um die Darstellung von Schlothfeldts Argumentation gehen. Sicherlich kann man sich darüber streiten, ob Schlothfeldts Kritik an und Adaption von Rawls Theorie dieser angemessen ist. Da im Mittelpunkt dieser Untersu-

sonen, einen selbstgewählten Lebensplan verwirklichen zu können, in den Mittelpunkt. „Unter den Voraussetzungen, dass die Lebenspläne differieren und dass eine faire Berücksichtigung unterschiedlicher Lebensvorstellungen angestrebt werden sollte, liegt es nahe, über die gerechte Verteilung von Grundgütern zu diskutieren. Grundgüter sind in diesem Sinne Dinge, die für die Realisierung von Lebensplänen im allgemeinen gebraucht werden. Die Aussichten, einen beliebigen Lebensplan realisieren zu können, hängen weitgehend davon ab, inwieweit Personen über Grundgüter verfügen."[69] Schlothfeldt tritt für eine normative Theorie ein, die als Ergänzung zu den auf Lebenspläne zugeschnittenen Grundgütern generelle Voraussetzungen für das Wohlergehen einbezieht. Wohlergehen und die Verfolgung von Lebensplänen seien zwei grundlegende menschliche Interessen, die nicht ohne Verlust aufeinander reduziert werden könnten. Dies zeige sich auch darin, dass sie miteinander in Konflikt geraten könnten. „Eine (moralische) Person, die ein Verbrechen verhindern will, kann ihren Lebensplan besser verfolgen, wenn sie sich in der Nähe des Tatorts befindet; ihr Wohlergehen könnte in diesem Fall aber erheblich beeinträchtigt werden."[70] Unter Wohlergehen versteht Schlothfeldt einen „psychischen Zustand", der durch „subjektive Einschätzungen" bestimmt wird. Eine Person könne eine objektiv gute Ausstattung haben und dennoch unzufrieden sein. Dem Einwand, dass subjektive Zufriedenheit nicht zum gerechtigkeitsrelevanten Maßstab gemacht werden dürfe, da sonst Personen mit höheren Ansprüchen auf Kosten der Anspruchsloseren befriedigt werden müssten, begegnet er mit der Konzentration auf die „Voraussetzungen" des Wohlergehens. Die Voraussetzungen des Wohlbefindens seien im Gegensatz zu besonderen individuellen Ansprüchen verallgemeinerbar. „Empirische Untersuchungen könnten hingegen zeigen, dass bestimmte Faktoren das (subjektive) Wohlbefinden generell negativ beeinflussen." Das Wohlbefinden ist also eine subjektive Kategorie, die Voraussetzungen aber nicht. „In diesen Sinne *besteht* das Wohlergehen nicht darin, gut ernährt zu sein; aber keinen Hunger zu leiden ist eine Bedingung dafür, dass es einer Person gut geht."[71]

Adaption von Rawls Theorie dieser angemessen ist. Da im Mittelpunkt dieser Untersuchung aber die Frage nach der Begründbarkeit eines Rechts auf Arbeit und nicht eine angemessene Interpretation der Rawlschen Theorie steht, soll Schlothfeldts RawlsVerständnis nicht problematisiert werden.

[69] Schlothfeldt, Erwerbsarbeitslosigkeit als sozialethisches Problem, S. 137/138.

[70] Schlothfeldt, Ein Recht auf Beteiligung an der Erwerbsarbeit, S. 389.

[71] Schlothfeldt, Erwerbsarbeitslosigkeit als sozialethisches Problem, S. 144.

Nach Schlothfeldt gibt es also sowohl für die Verfolgung von Lebensplänen als auch für das Wohlergehen elementare Vorausetzungen. Teilweise decken sich diese Bedingungen: Persönliche Grundfreiheiten dürften einerseits eine Voraussetzung dafür sein, dass man einen Lebensplan verfolgen kann; andererseits würde eine Verletzung der Freiheiten aber auch das Wohlergehen empfindlich beeinträchtigen. Am Beispiel der Erwerbsarbeitslosigkeit zeige sich hingegen recht deutlich, dass die Bedingungen nicht immer zusammenfallen: Während es keine Voraussetzung für die Verwirklichung beliebiger Lebenspläne sei, an der Erwerbsarbeit beteiligt zu sein, habe sich herausgestellt, dass das Wohlergehen von (Dauer-) Arbeitslosen in der Regel erheblich beeinträchtigt ist. Schlothfeldt folgert daraus, dass es spezifische Bedingungen des Wohlergehens gebe, die aus dem Blick geraten, wenn ausschließlich auf Grundgüter rekurriert werde, welche die Voraussetzungen oder Mittel für die Realisierung von Lebensplänen darstellten. Die Wichtigkeit der Tatsache, gesellschaftlich beteiligt und anerkannt zu sein oder (allgemeiner) eine akzeptable gesellschaftliche Position innezuhaben, lasse sich nur ermessen, wenn das Wohlergehen in einer normativen Theorie eine eigenständige Rolle spielt.[72]

Eine akzeptable gesellschaftliche Position innezuhaben bezeichnet Schlothfeldt auch als ein „soziales Bedürfnis“. Diesem Bedürfnis liegen soziale Vergleiche zu Grunde. In eine marginale soziale Position zu geraten, wird als kränkend empfunden. Rawls′ Differenzprinzip lasse nun Ungleichheiten zu, sofern diese auch die Schlechtestgestellten besser stellen. Dies könne aber dazu führen, dass Personen absolut gesehen besser gestellt seien, doch zugleich könne sich ihre relative Position erheblich verschlechtern. „Dies ist jedoch mit der Befriedigung sozialer Bedürfnisse nicht ohne weiteres in Einklang zu bringen. Soziale Bedürfnisse beziehen sich nach meinem Verständnis auf ein angemessenes Einkommen (oder auf eine akzeptable Ausstattung mit anderen relevanten Gütern). Der entsprechende Bedarf hängt meines Erachtens vom gesellschaftlichen Durchschnittsniveau ab: Als beschämend und verletzend wird eine geringe Güterausstattung offenbar dann empfunden, wenn die Mehrheit der Bevölkerung deutlich besser gestellt ist.“[73]

Schlothfedt behauptet nun, dass sich Individuen hinter einem Schleier des Nichtwissens dafür entscheiden würden, diese elementare Vorausset-

---

[72] Schlothfeldt, Erwerbsarbeitslosigkeit als sozialethisches Problem, S. 145.
[73] Schlothfeldt, Ein Recht auf Beteiligung an der Erwerbsarbeit, S. 390/391.

zung des Wohlergehens abzusichern. Schlothfeldt bedient sich in seiner Argumentation also des Schleiers des Nichtwissens. Allerdings diene ihm „[...] die Rawlssche Konstruktion nicht mehr als Entscheidungsverfahren, sondern nur als Explikation des moralischen Standpunktes".[74] Den generellen Fairnessbedingungen stimme er zu. Den Individuen soll das Wissen über ihre Fähigkeiten, ihre gesellschaftliche Stellung und ihre besonderen Vorlieben entzogen sein. Den weiteren Voraussetzungen, wie das höchstrangige Interesse daran, einen Lebensplan zu entwickeln, hingegen nicht. Auch wird den Individuen nicht die Kenntnis entzogen, dass eine marginale soziale Position das Wohlergehen erheblich beeinträchtigt. Schlothfeldt behauptet daher, dass sich die Individuen hinter einem Schleier des Nichtwissens „[...] zumindest dafür entscheiden würden, *elementare* Voraussetzungen des Wohlergehens und der Realisierung von Lebensplänen abzusichern. Die Grundfreiheiten und die Sicherung des Existenzminimums würden folglich ein besonderes Gewicht haben. Zweitens werden die Individuen aber m.E. auch maßgeblich daran interessiert sein, eine erhebliche relative Schlechterstellung zu vermeiden."[75] Diese Abwägungen seien noch unabhängig von den sozio-ökonomischen Grundbedingungen. „Ich folge hier Rawls` Zweiteilung der Gerechtigkeitstheorie in eine weitgehende allgemeine Wahl von Prinzipien und eine Anwendung auf speziellere Bedingungen. [...] Je nach den gesellschaftlichen Verhältnissen werden mit diesen Faktoren unterschiedliche konkrete Forderungen verbunden sein."[76]

Die gegenwärtigen gesellschaftlichen Verhältnisse wurden von Schlothfeldt bereits benannt: Der Ausschluss aus der Erwerbsarbeit führe zu sozialer Marginalisierung. Daher würden Personen aus einer unparteiischen Perspektive die Erwerbsbeteiligung prima facie als rechtlich zu schützendes Gut ansehen.[77]

---

[74] Schlothfeldt, Erwerbsarbeitslosigkeit als sozialethisches Problem, S. 147.
[75] Ebd., S. 147.
[76] Ebd., S. 149.
[77] Schlothfeldt, Ein Recht auf Beteiligung an der Erwerbsarbeit, S. 383.

Zusammenfassend kann man Schlothfeldts Argumentation folgendermaßen darstellen:

1. Soziale Marginalisierung beeinträchtigt das Wohlbefinden.
2. Unter den gegenwärtigen sozio-ökonomischen Bedingungen führt Erwerbsarbeitslosigkeit zu sozialer Marginalisierung.
3. Personen sind an ihrem Wohlbefinden interessiert.

Also: Aus einer unparteiischen Perspektive würden Personen ein Recht auf Beteiligung an der Erwerbsarbeit wählen.

Dieses Recht auf Beteiligung an der Erwerbsarbeit unterliegt einigen Einschränkungen: Zum einen hinsichtlich Qualität und Quantität eines garantierten Arbeitsplatzes: Das von Schlothfeldt geforderte Recht auf Arbeit begründet einen Anspruch auf „angemessene Teilnahme am Arbeitsleben". Eine angemessene Beteiligung wird relativ zur durchschnittlichen oder mehrheitlichen Teilhabe bestimmt. „Dies schließt nicht aus, dass [Personen] (a) für einige Zeit keiner Erwerbsarbeit nachgehen (können), (b) keine volle Beschäftigung haben und (c) unterhalb ihres Qualifikationsniveaus angestellt sind. In den drei genannten Hinsichten wären allerdings Untergrenzen festzulegen, die für alle Gesellschaftsmitglieder rechtlich garantiert werden sollten."[78]

Zum anderen hinsichtlich der Umsetzung: Das von Schlothfeldt geforderte Recht auf Arbeit gewährt einen rechtlich garantierten Individualanspruch auf Arbeit. Die Gewährleistung eines Rechts auf Arbeit müsse aber im Konfliktfall hinter die Befriedigung der Grundbedürfnisse und die Sicherung elementarer Freiheiten zurücktreten. Allerdings bedeute dies nicht, dass wie bei Rawls nur Grundfreiheiten als Rechte anerkannt werden. Im Gegenteil. „Die Sicherstellung der Befriedigung von Grundbedürfnissen, zu denen ich eine materielle Grundversorgung, aber auch Grundfreiheiten zähle, hat zwar m.E. Vorrang; der Schutz gegen eine marginale soziale Position könnte aber bereits an nächster Stelle stehen."[79] Freiheiten, die über die Unversehrtheit des eigenen Körpers hinausgehen, räumt Schlohtfeldt geringere Priorität ein: Die Individuen werden ihr Einkommen und Vermögen nach eigenem Gusto verwenden, Verträge und Tauschakte frei aushandeln und vertragliche Beziehungen mit Personen ihrer Wahl eingehen wollen. Allerdings würden die Individuen einer Einschränkung der genannten Freiheiten durchaus zustimmen, wenn sie ansonsten Gefahr liefen, wichtigere Bedürfnisse nicht befrie-

[78] Schlothfeldt, Ein Recht auf Beteiligung an der Erwerbsarbeit, S. 373.
[79] Schlothfeldt, Erwerbsarbeitslosigkeit als sozialethisches Problem, S. 150.

digen zu können. Neben der materiellen Grundversorgung zähle hierzu auch das Interesse, nicht in eine marginale soziale Position zu geraten.[80]

Daraus folgt für die Umsetzung eines Rechts auf Arbeit folgendes: die bevorzugte Einstellung von Langzeitarbeitslosen, die gesetzlich vorgeschriebene Begrenzung der Arbeitszeit und eine rechtlich erzwungene Aufteilung von Arbeitsplätzen wären legitime Maßnahmen. Dies könnte eventuell bedeuten, dass die freie Aushandlung von Arbeitsverträgen eingeschränkt werden müsste, die Chancengleichheit der qualifizierten Bewerber gegenüber den Langzeitarbeitslosen verletzt werden würde und Effizienzeinbußen hingenommen werden müssten. Aus einer unparteiischen Perspektive würde aber jeweils das soziale Bedürfnis, an der Erwerbsarbeit beteiligt zu werden, als wichtiger eingeschätzt werden.

Nach Schlothfeldt begründet also das soziale Bedürfnis, an der Erwerbsarbeit beteiligt zu werden, ein Recht auf Arbeit und legitimiert Arbeitsbeschaffungsmaßnahmen, die in Freiheiten eingreifen. Daher habe ich diese Begründung eines Rechts auf Arbeit der Bedürfnisauffassung zugeordnet.

2.2. Die Gleichverteilungsauffassung: Das Recht auf Arbeit als rechtlicher Schutz eines Grundguts

Walter Pfannkuche argumentiert in seinem Aufsatz „Gibt es ein Recht auf Arbeit?“, dass ein rechtlicher Individualanspruch auf einen Arbeitsplatz moralisch gefordert sei, da man Arbeit als ein Grundgut betrachten müsse, für dessen rechtlichen Schutz sich Individuen aus einer unparteiischen Perspektive rational entscheiden würden.

Grundlage seiner Begründung eines Rechts auf Arbeit ist der moralische Standpunkt der Unparteilichkeit. Wichtigstes Merkmal einer moralischen Begründung sei die Berücksichtigung des Wohles aller. Regeln des gesellschaftlichen Zusammenlebens müssten dergestalt sein, dass sie aus der Position jedes Betroffenen akzeptiert werden könnten. Rawls habe mit seinem Schleier des Nichtwissens dafür ein treffendes Bild gefunden. „Unparteilichkeit bedeutet, hinter einem solchen Schleier nach Regeln zu suchen, die den eigenen Interessen, so wie man sie hinter dem Schleier noch haben kann, am besten Rechnung tragen.“[81]

---

[80] Schlothfeldt, Erwerbsarbeitslosigkeit als sozialethisches Problem, S. 151.
[81] Pfannkuche, Gibt es ein Recht auf Arbeit?, S. 99.

Der moralische Standpunkt der Unparteilichkeit verlange auch, dass über die Verteilung aller Güter unparteiisch entschieden werde. „Wenn man die moralische Frage so umfassend versteht, ist klar, dass zu dem Bereich des Regelbaren und zu Regelnden die Verteilung von allem, was überhaupt verteilbar ist, gehört. In den Bereich dessen, was einer moralischen Rechtfertigung bedarf, gehören deshalb nicht nur die klassischen materiellen Güter wie Einkommen und Besitz. Dazu gehören ebenso Erlaubnisse, Chancen und Macht, in gewissem Umfang sogar Bezugspersonen und damit auch jene komplexen Güter, die mit all diesen Elementen signifikant kausal verbunden sind – etwa Selbstachtung und Zuversicht.“[82] Auch Arbeit betrachtet Pfannkuche als ein Gut, dessen Verteilung einer moralischen Rechtfertigung bedarf.

Ausgehend von dieser Annahme besteht Pfannkuches Argumentation für ein Recht auf Arbeit in dem Nachweis, dass sich Individuen aus einer unparteiischen Perspektive dafür entscheiden würden, jedem einen rechtlichen Anspruch auf einen Arbeitsplatz einzuräumen. Diese Argumentation erfolgt in drei Schritten: In einem ersten Schritt verdeutlicht er, warum Arbeit überhaupt als Gut angesehen werden kann. Im zweiten Schritt stellt er fest, dass es sich um ein verteilbares Gut handelt. Und in einem dritten Schritt begründet er, warum es ein Gut ist, das rechtlichen Schutz genießen sollte. In folgenden sollen diese drei Schritte der Reihe nach nachgezeichnet werden:

1. Warum ist Arbeit überhaupt ein Gut? Pfannkuche nennt verschiedene Gründe: Erstens geht er von einem idealisierten Arbeitsbegriff aus. Arbeit sei eine Betätigung der eigenen Fähigkeiten, eine elementare Form des Am-Leben-Seins. Außerdem sei Arbeit mit dem Selbstwertgefühl verknüpft. „Die Arbeit ist etwas, für dessen gute Ausführung wir uns selbst schätzen können [und] von anderen besonders geschätzt [werden].“[83] Unabhängig von den besonderen Arbeitsleistungen führe Arbeit zu dem Gefühl, „[...] einem größeren Zusammenhang zugehörig und [...] in diesem Zusammenhang nützlich und gebraucht zu sein.“[84] Zudem sichere das Arbeitseinkommen „den Zugang zu einer normalen Konsumtion.“[85]Außerdem führe Arbeitslosigkeit zu gravierenden psychischen Problemen wie Alkoholismus

[82] Ebd. S. 101.
[83] Ebd. S. 101
[84] Ebd. S. 102.
[85] Ebd. S. 102

und Depressivität. In Hinblick auf einige dieser Funktionen der Arbeit räumt Pfannkuche selbst ein, dass sie nicht notwendig an eine Erwerbsarbeit gebunden sind oder aber nur durch bestimmte (eben nicht stupide) Arbeiten erfüllt werden könnten.

2. Ist Arbeit ein verteilbares Gut? Die bis vor kurzem noch existierenden zahlreichen Planwirtschaften zeigten, dass Arbeit verteilbar sei.

3. Ist Arbeit ein Gut, dass durch einen Rechtsanspruch abgesichert werden sollte? Diesem Argumentationsschritt liegt die Annahme zu Grunde, dass nicht alle Güter rechtlich abgesichert werden sollten. Bei einigen reiche z.B. Tadel aus, wie im Fall eines Versprechensbruches. Die Entscheidung darüber, ob ein Gut durch einen Rechtsanspruch gesichert werden soll, sei an zwei Bedingungen geknüpft: Erstens müsse das Gut ein Grundgut sein. Und zweitens müssten bei der rechtlichen Absicherung des Grundgutes die Vorteile die Nachteile überwiegen. Um zu entscheiden, ob die zweite Bedingung erfüllt ist, muss eine Abwägung der Vorteile und Nachteile aus einer unparteiischen Perspektive vorgenommen werden. Pfannkuches These ist, wie bereits gesagt, dass sich Individuen in einem solchen Abwägungsprozess für ein Recht auf Arbeit entscheiden würden.

Grundgüter definiert Pfannkuche ähnlich wie Rawls. „Unter [...] Grundgütern verstehe ich solche, die vorhanden sein müssen, damit jemand überhaupt Ziele verfolgen kann. [...] Infolge der funktionalen Abhängigkeit vieler Güter von solchen Grundgütern kann das Fehlen eines Grundgutes meist nicht durch eine bessere Ausstattung mit anderen Gütern kompensiert werden.“[86] Arbeit sei ein solches Grundgut. Dies gehe aus der (obigen) Aufzählung der mit der Erwerbslosigkeit verbundenen Übel hervor.

Arbeit sei ein Grundgut, bei dessen rechtlicher Absicherung die Vorteile die Nachteile überwiegen würden. Dies begründet er, indem er verschiedene mögliche Nachteile einer rechtlichen Absicherung gegenüber den Vorteilen aus der angenommenen unparteiischen Perspektive abwägt. Folgende Nachteile stehen zur Debatte: Einschränkungen der Vertragsfreiheit und des Eigentumsrechts, die Verschlechterung der schlechtesten Position und eine Absenkung des allgemeinen und des maximalen Lebensstandards.

Diese Nachteile ergeben sich vor dem Hintergrund des „marktnahen Modells der Arbeitsumverteilung“, das Pfannkuche für die Umsetzung eines Rechts auf Arbeit vorschlägt. Nach diesem Modell soll die vorhandene, d.h. tatsächlich nachgefragte Arbeit (auch mit Zwang) umverteilt werden. Der

---

[86] Ebd. S. 104

mögliche Zwang richte sich sowohl gegen Arbeitnehmer als auch Arbeitgeber. Arbeitnehmer sind nach diesem Modell gezwungen, Arbeitszeit an Arbeitslose abzutreten, und Unternehmer, Arbeitslose einzustellen. Allerdings gelte die Einschränkung, dass die geleistete Arbeit durch die Umverteilung nicht unter eine bestimmte Stundenzahl und ein dementsprechendes Einkommen sinken dürfe. Außerdem seien zeitweilige Arbeitslosigkeit wie auch unbefriedigende Arbeiten zulässig. Pfannkuche gibt keine Begründung dafür, warum er nur von einer Umverteilung der vorhandenen Arbeit ausgeht und nicht auch die staatliche Schaffung von Arbeitsplätzen erwägt. Dies könnte mit seiner Modell der Grundgüter zusammenhängen, auf die jeder einen Anspruch hat und deren Verteilung gerecht zu regeln ist. Da liegt es vielleicht näher, eine Aufteilung der Arbeitsplätze zu erwägen, als Maßnahmen für die Schaffung neuer Arbeitsplätze zu erörtern.

An dieser Stelle soll nicht die Auseinandersetzung mit allen Nachteilen, die sich nach Pfannkuche aus der Arbeitsumverteilung ergeben könnten, nachgezeichnet werden, da dies für das Verständnis seiner Position nicht notwendig erscheint. Im folgenden soll nur beispielhaft etwas zu seiner Erörterung des Problems der „allgemeinen Absenkung des Lebensstandards" gesagt werden: „[Angenommen] ein Marktsystem mit der Möglichkeit von Pleiten und Entlassungen ist flexibler, innovativer und deshalb insgesamt effektiver als das skizzierte Modell mit dem Recht auf Arbeit. Es wird deshalb einen so viel größeren Reichtum hervorbringen, dass es auch den darin Arbeitslosen immer noch besser gehen kann als den Arbeitenden im anderen System. Deshalb sei es aus der Perspektive des Beliebigen rational, das System ohne Arbeitsrecht vorzuziehen."[87] Diesem Einwand begegnet Pfannkuche mit zwei verschiedenen Strategien:

Erstens verweist er auf das Wohlbefinden als wichtiges Entscheidungskriterium. Er behauptet, dass der größere Reichtum der produktiveren Gesellschaft nicht zu einem höheren Niveau von Zufriedenheit führe, dass es in ihr aber eine zusätzliche Ursache erheblicher Leiden gebe. Es sei deshalb rational, die Gesellschaft mit dem Recht auf Arbeit vorzuziehen.[88]

Zweitens behauptet er, dass ein System mit einem Recht auf Arbeit genauso effektiv sei wie eines ohne, da mit einem Recht auf Arbeit eine Pflicht zur Arbeit korrespondiert. „Diese Pflicht bedeutet, dass jemand, der infolge des Rechts auf Arbeit seinen Lebensunterhalt selbst verdienen kann,

[87] Ebd. S. 107.
[88] Ebd. S. 108.

dies nicht ablehnen und zugleich von seinen Mitbürgern verlangen kann, sein Leben zu alimentieren. [...] Diese Pflicht bedeutet natürlich nicht, dass jeder gezwungen ist, beständig zu arbeiten. Es ist nichts dagegen einzuwenden, wenn jemand sich mithilfe seiner Ersparnisse oder mit Zuwendungen seiner Freunde für eine Zeitlang vom System der wechselseitig nützlichen Tätigkeiten suspendiert."[89] Pfannkuche behauptet, dass eine solche Pflicht aus einer unparteiischen Perspektive gewählt werden würde, da man ansonsten dem Nichtarbeitenden mehr Selbstbestimmung gewähren würde als dem Arbeitenden, wenn es erlaubt wäre, dass er auf Kosten anderer seinen Interessen nachgeht. Diese Pflicht steigere nun die Effizienz eines Systems mit einem Recht zur Arbeit. „Durch diese Pflicht werden die Unternehmen und auch die Arbeitnehmer von enormen Abgaben entlastet: Eine Arbeitslosenversicherung ist fast nicht mehr nötig, und auch die Notwendigkeit von Sozialhilfe wird stark vermindert."[90]

Hier ist anzumerken, dass Pfannkuche nicht für eine *Pflicht* zur Arbeit im strengen Sinne argumentiert. Niemand soll nach Pfannkuches Verständnis zur Arbeit gezwungen werden oder für das Nicht-Arbeiten bestraft. Eine Pflicht zur Arbeit, die beispielsweise vergleichbar wäre mit einer Pflicht, zumutbare Hilfe zu leisten, fordert er nicht. Er bestreitet lediglich, dass es ein Recht auf ein Grundeinkommen gibt. Die Frage, ob das Grundeinkommen eine vorzugswürdige Alternative zu einem Recht auf Arbeit darstellt, soll noch diskutiert werden.[91]

Pfannkuches Argumentation kann rückblickend folgendermaßen zusammengefasst werden: Zunächst bestimmt Pfannkuche unter Rückgriff auf empirische und anthropologische Annahmen Arbeit als ein Grundgut. Er behauptet dann, dass in einem Abwägungsprozess der Vor- und Nachteile aus einer unparteiischen Perspektive entschieden werden würde, dass dieses Grundgut rechtlich geschützt werden soll. Daher sei die Einführung eines Rechts auf Arbeit moralisch gefordert.

Pfannkuches Argumentation weist sicherlich große Ähnlichkeiten mit der von Schlothfeldt auf, da sie zum einen beide auf Rawls zurückgreifen und zum anderen bei beiden die empirische Annahme, dass Arbeitslosigkeit erhebliches Leid verursacht, ein notwendiger Baustein ihrer Argumentation ist. Dennoch denke ich, ist es berechtigt, sie als Vertreter unterschiedlicher

---

[89] Ebd. S. 109 und 110.
[90] Ebd. S. 110.
[91] Vgl. in dieser Arbeit S. 56ff.

Begründungsstrategien vorzustellen. Schlothfeldts Argumentation basiert auf der Annahme, dass es Grundbedürfnisse gibt, die menschenrechtlich geschützt werden sollten, und Arbeit eben ein solches Bedürfnis sei. Pfannkuche hingegen ist der Gleichverteilungsauffassung zugeordnet worden, da er Arbeit nicht als ein Bedürfnis, sondern als ein Grundgut bestimmt, auf das alle einen Anspruch haben.

2.3. Die Eigentumsauffassung: Das Recht auf Arbeit als Sicherung des Zugangs zum Gemeineigentum

Nach Ulrich Steinvorth sichert ein Recht auf Arbeit die Mitverfügung über das Gemeineigentum an den natürlichen Ressourcen. Arbeitslosigkeit führe zum Ausschluss aus dem gesellschaftlichen System der Produktion, das auf der Bearbeitung der natürlichen Ressourcen beruhe. Da die natürlichen Ressourcen aber Gemeineigentum seien, bedeute dieser Ausschluss eine Verletzung des (Gemein)Eigentumsrechts. Das Recht auf Arbeit sei ein Recht auf den gleichen produktiven Gebrauch natürlicher Ressourcen und in diesem Sinne ein Eigentumsrecht. Es lasse sich durch ein System von Sozialdiensten verwirklichen, das die Vielzahl der Arbeiten durchführe, die der freie Markt auf Grund mangelnder Profitabilität meide.

Grundlage dieser Argumentation ist eine Theorie über Gemein- und Privateigentum, die auf John Locke zurückgeht. Die Lockesche Eigentumstheorie liefere Prinzipien über die Aneignung erstens der äußeren Naturgüter, zweitens der angeborenen Naturgüter und drittens der Produkte menschlicher Arbeit:

1. Die Güter der Natur sind Gemeineigentum der Menschheit insgesamt.
2. Der Körper und die Fähigkeiten eines Menschen sind dessen privates Eigentum.
3. Nach Locke sind auch die Produkte der menschlichen Arbeit Privateigentum. Abweichend von Locke, der zu diesem Schluss kommt, da er den Naturwert eines Produkts für vernachlässigbar hält, betont Steinvorth hingegen, dass produzierte Güter eine aus Arbeit und Natur gemischte Ressource seien. Arbeit wird verstanden als Güterproduktion, als Betätigung der produktiven Fähigkeiten des Menschen. Natürliche Ressourcen kann man in diesem Sinne auch als die materiellen Bedingungen der Betätigung ansehen. Ein Arbeitsprodukt hat somit Natur und Arbeit zur Grundlage, und man kann zwischen Naturwert und Arbeitswert unterscheiden. Erarbeitete Werte

seien Privateigentum, Naturwerte Gemeineigentum. Die meisten Güter, die heute den Reichtum einer Gesellschaft ausmachen, seien gemischte oder kultivierte Naturgüter. Um zu entscheiden, welcher Teil dieses Reichtums als Privateigentum und welcher als Gemeineigentum anzuerkennen ist, müsse der Wertanteil der Natur und der der Arbeit bestimmt werden. Steinvorth schlägt vor, den Naturwertanteil als die Summe der Aufwendungen zu bestimmen, die notwendig sind, um sicherzustellen, dass alle Gemeineigentümer, auch die zukünftigen Generationen, Ressourcen gleichen Werts bearbeiten können. Zu diesen Aufwendungen zählt er Regeneration und Substitution der Naturgüter, Erziehung und Bildung und auch Arbeitsbeschaffungsmaßnahmen.

Die drei Prämissen über Eigentum begründet Steinvorth durch die Idee der gleichen Freiheit:

1. Die äußeren Naturgüter müssten Gemeineigentum sein, da ansonsten einige ein Vorrecht an ihrer Aneignung hätten und die Gleichheit des Handlungsspielraums verletzten, die die gleiche Freiheit verlange.

2. Aus der Idee der gleichen Freiheit folge auch, dass „angeborene Naturgüter", das ist der eigene Körper und seine Anlagen, ursprüngliches Privateigentum sein. Dies folgt daraus, dass diese Naturgüter das Selbst erst ausmachen, dessen Selbstbestimmung durch die Idee der gleichen Freiheit gefordert sei, ohne diese Naturgüter gäbe es gar kein „Subjekt der Freiheit"[92]

3. Erarbeitete Werte seien erworbenes Privateigentum, da sie das Ergebnis der Betätigung des ursprünglichen Privateigentums seien. Genauso wie man einer Person die negativen Folgen der Betätigung der eigenen Anlagen anlaste und sie für den Schaden aufkommen lasse, müsse man ihr auch positive Folgen zurechnen und ihr den Nutzen zukommen lassen.

Nach dieser Eigentumstheorie habe somit jeder Mensch ein gleiches Recht darauf, über die natürlichen Ressourcen zu verfügen, die von niemandem produziert worden sind, vielmehr als die Bedingungen vorgefunden wurden, ohne die man weder atmen noch gar was produzieren könnte.[93] Faktisch sind die Naturgüter aber kein Gemeineigentum, zu dem jeder gleichen und freien Zugang hat, sondern Privateigentum. Zugang zu den natürlichen Ressourcen erhalte man heute über die Teilnahme am gesellschaftlichen System der Produktion. Das gesamte arbeitsteilige System der Produk-

---

[92] Steinvorth, Gleiche Freiheit, S. 200.

[93] Steinvorth, Kann das Grundeinkommen die Arbeitslosigkeit abbauen?, S. 262.

tion einer Gesellschaft beruhe auf der Bearbeitung der natürlichen Ressourcen. Auch die Arbeiten, die nicht in der unmittelbaren Bearbeitung eines Naturgutes bestehen, wie die Arbeit eines Lehrers, sind Teil eines Systems, für das Naturgüter unverzichtbar sind. Diejenigen Individuen, die aus dem System der Produktion ausgeschlossen sind, sind im Gebrauch natürlicher Ressourcen benachteiligt. Sie haben ein Recht auf Beteiligung. Diese Beteiligung werde in arbeitsteiligen Gesellschaften über die Berufsarbeit ermöglicht. Daher müsse ein Recht auf Arbeit staatlich durchgesetzt werden.

Ein Recht auf Arbeit lasse sich folgendermaßen verwirklichen: Der Staat müsse die finanziellen Mittel bereitstellen, um ein System von Sozialdiensten zu finanzieren, in dem diejenigen arbeiten können, die auf dem freien Arbeitsmarkt keine Stelle finden. Die Sozialdienste sollten als eine Ergänzung zum System des Marktes angesehen werden und die Arbeiten durchführen, durch die kein Gewinn erwirtschaftet werden kann, die aber notwendig seien: Beispielsweise Arbeiten in den Bereichen der Erziehung, der Gesundheit, der öffentlichen Sicherheit oder der Umwelt. Die Projekte eines Sozialdienstes sollten nicht von einer staatlichen Bürokratie vorgegeben, sondern von den Angehörigen dieser Dienste selbst geplant werden, so dass diese einer autonomen Arbeit nachgehen können. Die Sozialdienste könnten kein hohes Einkommen, aber eine selbstbestimmte Arbeit bieten. Die für ein solches System von Sozialdiensten notwendigen Gelder könnten zumindest zu einem Teil aus den eingesparten Kosten für die Arbeitslosen- oder Sozialhilfe stammen. Zum anderen müssten die Sozialdienste über die Belastung des Marktes finanziert werden. Dies ist aber durch die Begründung eines Rechts auf Arbeit legitimiert. Genau wie das Recht auf Arbeit, lässt sich auch die Höhe der Einkommen der in den Sozialdiensten Arbeitenden auf der Grundlage des Gemeineigentums rechtfertigen. Das Einkommen sollte gemäß der Qualifikation etwas unter dem Einkommen einer vergleichbaren Tätigkeit in der freien Wirtschaft liegen, da dem Arbeitslosen das Einkommen zusteht, das er erwirtschaften würde, wenn er seinen Anteil am Gemeineigentum bearbeiten könnte. Bei dieser Begründung wird von der Produktivkraft ausgegangen, „[...] die jedes Individuum seiner Generation und seines Landes als eine Eigenschaft der überlieferten und kultivierten menschlichen Natur vorfindet. Denn auch diese gehört zum Gemeineigentum, von dem Arbeitslosigkeit ausschließt.“[94]

[94] Steinvorth, Gleiche Freiheit, S. 230/231.

Abschließend soll festgehalten werden, dass auch Steinvorth die wichtigen psychologischen Funktionen der Arbeit anerkennt: „In diesem verzweigten Prozess [zu dem die Berufsarbeit gehört] strömt das Leben der Gesellschaft, er macht sie aus, und aus ihrer Teilnahme schöpfen die Individuen die Anerkennung, ohne die sie einander und infolgedessen sich selbst nicht als vollwertige Menschen betrachten. [...] Die Arbeitslosen entbehren heute als Individuen und als Gruppen die Anerkennung am stärksten.“[95] Steinvorth spricht sich sogar für einen idealisierten Arbeitsbegriff aus, nach dem „[...] Arbeit eine ausgezeichnete Tätigkeit des Menschen, die Ausübung seiner schöpferischen Fähigkeiten [ist], die zugleich die Welt und den Menschen formt und verbessert und ohne die der Mensch zu einem Spielball natürlicher und sozialer Kontingenzen herabsinkt: ein Beweis seiner fast göttlichen Stellung.“[96] Allerdings halte ich diese Annahmen über Arbeit nicht für notwendig für Steinvorths Begründung eines Rechts auf Arbeit. Grundlage der vorgestellten Begründung eines Rechts auf Arbeit ist das Gemeineigentum. Auf seinen Anteil am Gemeineigentums hätte man aber auch dann Anspruch, wenn das Leben ohne diesen Anteil – ohne Arbeit - nichts zu wünschen übrig ließe. Ob Arbeit positiv oder negativ bewertet wird, ist für diese Begründung also gar nicht ausschlaggebend. Daher habe ich diese Begründung eines Rechts auf Arbeit der Eigentumsauffassung zugeordnet.

II. 3 Diskussion der Begründungsstrategien

Im folgenden soll die Überzeugungskraft der drei vorgestellten Begründungen eines Rechts auf Arbeit untersucht werden. In dem Abschnitt 3.1. werden den Begründungen zunächst einige Einwände entgegengestellt, die sich generell gegen ein Recht auf Arbeit richten, unabhängig davon, wie ein solches Recht begründet ist. Im anschließenden Abschnitt 3.2. werden dann Argumente geprüft, die sich jeweils speziell gegen die Bedürfnis-, die Gleichverteilungs- und die Eigentumsauffassung richten.

[95] Steinvorth, Kann das Grundeinkommen die Arbeitslosigkeit abbauen? S. 265 und 266.
[96] Steinvorth, Das Recht auf Arbeit, S. 79

3.1 Einwände gegen ein Recht auf Arbeit

In den vorausgegangenen Kapiteln wurden bereits zwei generelle Einwände gegen ein Recht auf Arbeit vorgestellt und verworfen. Zum einen wurde dem Einwand, dass soziale Rechte nur als Forderungen der Wohltätigkeit verstanden werden können, weil sie positive Leistungen erfordern, entgegengehalten, dass positive Leistungen und Hilfsleistungen nicht deckungsgleich zusammenfallen und daher durchaus die Möglichkeit besteht, soziale Rechte als Forderungen der Gerechtigkeit auszuweisen. Zum anderen wurde der Einwand diskutiert, dass Arbeit selbst und somit auch ein Recht auf Arbeit abzulehnen sei. Es wurde betont, dass nach dem hier zu Grunde gelegten liberalen Rechtsverständnis eine Begründung eines Rechts auf Arbeit unabhängig von einer positiven oder negativen normativen Bewertung der Arbeit ist, da sich aus einer solchen Bewertung weder Rechte ableiten noch widerlegen lassen.

Einer Reihe von Einwänden gegen ein Recht auf Arbeit liegt letztlich ein negatives Arbeitsverständnis zu Grunde, auch wenn sie sich nicht darin erschöpfen: So wird manchmal dem Recht auf Arbeit ein Recht auf Faulheit entgegengestellt.[97] Was ein *Recht auf Faulheit* sein soll und warum es mit einem Recht auf Arbeit kollidieren könnte, ist erklärungsbedürftig. Zwei Lesarten eines Rechts auf Faulheit lassen sich unterscheiden:

Erstens kann man unter einem Recht auf Faulheit das Recht verstehen, faulenzen zu dürfen, ohne zur Arbeit oder anderen Tätigkeiten gezwungen zu werden. Wenn man diese Lesart zu Grunde legt, ist die Forderung nach einem solchen Recht ohnehin überflüssig, da das liberale Recht frei über sich und sein Leben zu verfügen, auch ein Recht auf ein faules Leben, wie dies im einzelnen auch aussehen mag, umfasst. Und dieses Recht kollidiert auch nicht mit einem Recht auf Arbeit, da ein Recht auf Arbeit nicht automatisch mit einer Pflicht zur Arbeit einhergeht. Aus dem hier dargelegten Rechtsverständnis folgt nicht, dass der Träger eines Rechts auch verpflichtet

[97] Anhänger eines Rechts auf Faulheit berufen sich beispielsweise auf das 1883 erschienene Werk „Droit á la paresse“ von Paul Lafargue. Innerhalb der etablierten politischen Parteien fordert niemand ein solches Recht. Bundeskanzler Schröder rückte diese Forderung kurzfristig in das Bewusstsein einer breiteren Öffentlichkeit, als er in einem Interview mit der Bild-Zeitung (06.04.01) erklärte, dass es kein Recht auf Faulheit gebe. Insoweit sich die politische Philosophie mit einem Recht auf Faulheit auseinandersetzt, geschieht dies meist im Zusammenhang mit der Frage, ob und wie staatliche Neutralität gegenüber der Verwirklichung jedes beliebigen Lebensplanes tatsächlich gewährleistet werden kann.

wäre, den Rechtsinhalt zu verwirklichen. Beispielsweise folgt aus dem Recht auf die freie Wahl des Ehepartners auch nicht die Pflicht zu heiraten. Eine Begründung für ein Recht auf Arbeit begründet nicht automatisch zugleich eine Pflicht zur Arbeit. Für eine solche müsste eigens argumentiert werden.

Zweitens könnte man ein Recht auf Faulheit auch so verstehen, dass es auf die materiellen Grundlagen abzielt, die ein faules Leben erst ermöglichen. In diesem Sinne könnte man auch von einem Recht auf ein Grundeinkommen sprechen. Unter einem *Grundeinkommen* soll eine Zahlung seitens des Staates an jeden Bürger verstanden werden, die den Lebensunterhalt sichert und unabhängig von der Möglichkeit zur Selbstversorgung gewährt wird.[98]

Die Forderung nach einem Grundeinkommen kann man als Forderung nach einem Recht auf Faulheit verstehen. Ein Grundeinkommen kann aber auch aus anderen Gründen gefordert werden. Um nur einige zu nennen:

1. Einige Vertreter des Grundeinkommens meinen, dass sich durch das Grundeinkommen „wahre Freiheit“ herstellen ließe, da es jedem ermögliche, seine Vorstellung des guten Lebens zu verwirklichen.[99] Dies schließt eine auf Faulheit hin angelegte, aber auch jede andere Lebensgestaltung mit ein.

2. Hieran anschließend wird von einigen Autoren betont, dass insbesondere die Wahrnehmung der politischen Mitwirkungsrechte durch ein Grundeinkommen gefördert werden würde. Das Grundeinkommen würde ermöglichen, sich in Verbänden, Bürgerinitiativen und politischen Parteien zu engagieren.[100]

3. Durch das Grundeinkommen hätten alle Menschen Zugang zu einer menschenwürdigen Existenz unabhängig von Rasse, Geschlecht oder spezifischen Fähigkeiten.[101]

4. Einige sehen in dem Grundeinkommen auch einfach das wirksamste und treffsicherste Mittel für den Sozialstaat, soziale Gerechtigkeit umzuset-

---

[98] Zur Definition des „Grundeinkommens“ vgl. z.B. Krebs, Arbeit und Liebe, S. 196.

[99] Vgl. z.B.: van Parijs, Real Freedom for All.

[100] Manchmal wird ein solches Engagement auch zur Voraussetzung der Zahlung eines Grundeinkommens gemacht. Das an diese Voraussetzung gekoppelte Grundeinkommen wird dann auch als „Bürgergeld“ bezeichnet. Vgl. z.B. Beck, Die Seele der Demokratie: Bezahlte Bürgerarbeit.

[101] Angelika Krebs bezeichnet diese Begründung des Grundeinkommens als „humanistisch“. Vgl. Krebs, Arbeit und Liebe, S. 206.

zen. Sie bevorzugen das Grundeinkommen gegenüber Sozialhilfe oder Arbeitslosengeld also aus pragmatischen Gründen.[102]

Es gibt also verschiedene Gründe und Begründungen für die Forderung nach einem arbeits-unabhängigen Grundeinkommen. Der Forderung kann, muss aber nicht ein negativer Arbeitsbegriff zu Grund liegen. Häufig werden das Recht auf Arbeit und das Recht auf ein Grundeinkommen als einander ausschließende oder zumindest miteinander konkurrierende Rechte diskutiert.[103] Das Recht auf ein Grundeinkommen und das Recht auf Arbeit müssen aber nicht zwangsläufig miteinander in Konkurrenz stehen. Theoretisch ist es denkbar, dass ein Staat sowohl ein Grundeinkommen gewährt als auch ein Recht auf Arbeit anerkennt. Man kann eine Konkurrenz zwischen beiden herstellen, indem man die Frage stellt, welches Recht besser dafür geeignet ist, die Arbeitslosigkeit abzubauen. Das Grundeinkommen wird häufig in Konkurrenz zu einem Recht auf Arbeit als ein Mittel zum Abbau der ungewollten Arbeitslosigkeit vorgestellt, da es die Sicherung der materiellen Existenz unabhängig von der Erwerbsarbeit ermögliche und somit die Nachfrage nach Arbeitsplätzen reduziere. Ein Recht auf Arbeit erscheint dann überflüssig. Daher kann man die Befürworter eines Rechts auf Arbeit kritisch fragen, ob nicht das Grundeinkommen einem Recht auf Arbeit vorzuziehen ist, da es die Arbeitslosigkeit verringern und zugleich mehr Freiraum für ein Vielzahl von Lebensentwürfen schaffen könnte? Im folgenden soll auf diesen Einwand mit den drei vorgestellten Begründungen eines Rechts auf Arbeit geantwortet werden:

Zuvor soll der Einwand allerdings noch einmal präzisiert werden. Es lassen sich genaugenommen zwei Einwände unterscheiden. Erstens könnte ein Vertreter des Grundeinkommens behaupten, die Einführung des Grundeinkommens würde die unfreiwillige Arbeitslosigkeit und damit das Problem der Arbeitslosigkeit überhaupt vollständig beseitigen, da die Entkoppelung der Existenzsicherung von der Erwerbsarbeit die Nachfrage nach Arbeitsplätzen so stark reduziere, dass jeder, der dennoch arbeiten wolle, auch eine Arbeit fände. Zum anderen könnte ein Vertreter des Grundeinkommens aber auch behaupten, dass in einer Gesellschaft, die ein Grundeinkommen böte, Arbeitslosigkeit gar kein Übel oder Unrecht mehr sei.

---

[102] Vgl.: Koller, Soziale Gerechtigkeit, Wirtschaftsordnung und Sozialstaat.
[103] Vgl.: Krebs, Arbeit und Liebe, S. 195ff.

Zunächst soll auf diesen zweiten Einwand geantwortet werden: Mit der Bedürfnisauffassung kann man argumentieren, dass ein Recht auf Arbeit nicht durch ein Recht auf ein Grundeinkommen ersetzbar ist, da nur eine Erwerbstätigkeit das Abrutschen in eine marginale soziale Position verhindert. Das Grundeinkommen ändert nichts an dem Umstand, dass es Menschen gibt, deren Arbeit nachgefragt wird und die sich selbst versorgen können und Arbeitslose, auf die dies nicht zutrifft. Da die Forderung nach einem Grundeinkommen meistens die Idee einer Besteuerung des Grundeinkommens entsprechend der Höhe weiterer Einkünfte einschließt[104], unterscheidet es sich in der Praxis nicht sehr von dem bisherigen System der Sozialhilfe. Also kann es wohl kaum dazu beitragen, das Ansehen derer zu verbessern, die auf das Grundeinkommen zwingend angewiesen sind. Es ist daher nicht anzunehmen, dass das Grundeinkommen den Wunsch oder die Forderung, an der Erwerbsarbeit beteiligt zu sein, zum Verschwinden bringt. Unfreiwillige Arbeitslosigkeit hätte also auch nach Einführung eines Grundeinkommens Bestand und stellte ein erhebliche Beeinträchtigung des Wohlbefindens dar.

Mit der Gleichverteilungsauffassung kann man eine ganz ähnliche Antwort geben. Auch Pfannkuche nennt eine Reihe positiver Folgen der Erwerbsarbeit bzw. negativer Folgen der Erwerbsarbeitslosigkeit, die sich durch ein Grundeinkommen nicht erreichen bzw. beseitigen lassen: durch Arbeit fühlten sich Menschen einem größeren Zusammenhang zugehörig, was ihr Selbstbewusstsein stärke und somit das Wohlbefinden steigere. Selbst wenn die materielle Ausstattung des Arbeitslosen besser als die des Arbeitenden sei, so sei dieses Mehr nicht auch als Mehr der Zufriedenheit erfahrbar.[105]

Sowohl mit der Bedürfnisauffassung als auch Gleichverteilungsauffassung kann man also antworten, dass das Grundeinkommen nicht ausreicht, die negativen Folgen der Erwerbsarbeitslosigkeit, eine Verminderung des Wohlbefindens, zu verhindern. Diese Antwort hängt von der empirischen Prämisse ab, dass Erwerbsarbeitslosigkeit das Wohlbefinden erheblich beeinträchtigt. Die Antwort, die man mit der Eigentumsauffassung geben kann, ist unabhängig von dieser Prämisse:

Steinvorth bestimmt das Recht auf Arbeit als ein Eigentumsrecht, das letztlich auf dem Miteigentum an den natürlichen Ressourcen gründet. Die-

---

[104] Vgl. z.B. Koller, Soziale Gerechtigkeit, Wirtschaftsordnung und Sozialstaat.
[105] Pfannkuche, Gibt es ein Recht auf Arbeit?, S. 108.

ses Recht impliziert, dass der Einzelne nicht nur Anspruch auf den materiellen Wert der natürlichen Ressourcen hat, sondern auch darauf, über ihren Gebrauch und ihre Verwendung mitzuentscheiden und an ihrer Bearbeitung beteiligt zu werden. Dies bedeutet wiederum, dass er ein Anrecht darauf hat, an dem gesellschaftlichen System der Produktion, das auf der Bearbeitung der natürlichen Ressourcen beruht, teilzuhaben. Wird ihm nur ein Grundeinkommen aber keine Arbeit gewährt, verletzt dies sein Eigentumsrecht und kann nur als eine schwache Kompensation angesehen werden: „Weil das Recht auf Arbeit das Recht ist, über den produktiven Gebrauch von Naturgütern mitzuverfügen, kann es nicht durch eine Besteuerung der Arbeitsplatzinhaber zur Geltung gebracht werden, wie van Parijs annimmt. Durch eine solche Besteuerung erhält der Arbeitslose nur ein Anrecht auf den konsumtiven Gebrauch von Naturgütern. Sein gleiches Recht auf ihren produktiven Gebrauch bleibt weiter verletzt. [...] Arbeitslosengeld wie Grundeinkommen sind Mittel, den Arbeitslosen an der Wahrnehmung seines Rechts auf nicht nur konsumtiven, sondern produktiven Gebrauch seines Anteils am Gemeineigentum natürlicher Ressourcen zu hindern..“[106] Gegen den Einwand, dass durch die gewöhnliche Lohnarbeit ein Recht auf den produktiven Gebrauch natürlicher Ressourcen gar nicht erfüllt werden kann, da der Arbeitnehmer gar keinen Einfluss auf die Entscheidungen in seinem Betrieb über die Verwendung der Ressourcen hat, und daher doch ein Grundeinkommen dem Recht auf Arbeit vorzuziehen sei, da dieses zumindest die Wahrnehmungsmöglichkeiten der politischen Mitwirkungsrechte sicherstelle, wendet Steinvorth ein: „Richtig ist, dass das gleiche Recht auf Mitwirkung am produktiven Gebrauch der natürlichen Ressourcen auch eine politische Mitbestimmung über den Gebrauch der natürlichen Ressourcen verlangt. Aber deswegen geht es nicht in der politischen Mitbestimmung auf. Zu ihm gehört auch das Recht, gemäß seinen Talenten und Interessen im System der gesellschaftlichen Arbeit durch Einsatz an bestimmten Arbeitsplätzen mitzuwirken. Dass solche konkrete Mitwirkung mehr ist als die politische Mitbestimmung, wird an der Macht erkennbar, die nur sie dem Streikenden gibt. Wer die politische Mitbestimmung boykottiert, bewirkt nichts; der Streik gibt Macht, die weit über die Rolle der bestreikten Arbeit hinaus-

[106] Steinvorth, Gleiche Freiheit, S. 171.

geht."[107] Laut Steinvorth kann das Grundeinkommen daher nur ein „schwacher Ersatz" für das Recht auf Arbeit sein.[108]

Mit allen drei Begründungen eines Rechts auf Arbeit lässt sich also eine abschlägige Antwort auf die Frage geben, ob nicht das Grundeinkommen einem Recht auf Arbeit vorzuziehen sei. Diese Antwort bzw. Antworten treffen genauso auf die Frage zu, ob nicht das Arbeitslosengeld einem Recht auf Arbeit vorzuziehen oder zumindest ausreichend sei, da es ja schließlich das Geld sei, weswegen die Menschen arbeiten. Mit der Bedürfnis- und der Gleichverteilungsauffassung kann man auch hierauf antworten, dass das Arbeitslosengeld nicht ausreiche, eine Beeinträchtigung des Wohlbefindens zu vermeiden. Nach der Eigentumsauffassung erfüllt das Arbeitslosengeld genauso wenig wie das Grundeinkommen das Eigentumsrecht des Arbeitslosen auf den produktiven Gebrauch der natürlichen Ressourcen.

Auf die andere Variante des Einwandes, nach der das Grundeinkommen unfreiwillige Arbeitslosigkeit vollständig beseitigen könne, kann folgendes geantwortet werden: Sicherlich wäre ein Recht auf Arbeit in einer Gesellschaft ohne Arbeitslosigkeit überflüssig, genauso wie ein Recht auf körperliche Unversehrtheit in einer vollständig friedlichen Welt. Da heute aber Arbeitslosigkeit besteht und zunimmt, ist eine heute erhobene Forderung nach einem Recht auf Arbeit von diesen theoretischen Überlegungen auch nicht betroffen. Zweitens ist es sehr fraglich, ob das Grundeinkommen unfreiwillige Arbeitslosigkeit vollständig beseitigen könnte. Wie mit der Bedürfnisauffassung bereits ausgeführt, würde ein Arbeitsloser trotz Grundeinkommen eine marginale soziale Position einnehmen und daher arbeiten wollen.

Zusammenfassend kann man also festhalten, dass sich aus dem Verweis auf ein Grundeinkommen oder Arbeitslosengeld kein überzeugender Einwand gegen ein Recht auf Arbeit ableiten lässt.

Ein weiterer genereller, von John Elster vorgebrachter Einwand gegen ein Recht auf Arbeit besteht in der Behauptung, dass ein Recht auf Arbeit kontraproduktiv sei.[109] Dieser Einwand setzt voraus, dass ein Recht auf Arbeit gefordert wird, um die psychischen Beeinträchtigungen, die durch Arbeitslosigkeit entstehen, besonders die Beeinträchtigung des Selbstbewusstseins, zu verhindern: Das Selbstbewusstsein werde durch die Arbeit nur

[107] Ebd. S. 171.
[108] Ebd. S. 171.
[109] Vgl.: Elster, Is There (or Should There Be) a Right to Work?, S. 74f.

dann positiv gestärkt, wenn die Arbeit freiwillig entlohnt werde, wenn es also eine Nachfrage nach der Arbeitskraft gäbe, und nicht, wenn die Arbeit zugeteilt werde. Genauso wenig wie es ein Recht auf Liebe geben könne, da Liebe freiwillig gegeben werden müsse und nicht erzwingbar sei, könne es ein Recht auf Arbeit geben, da durch ein solches die positiven Folgen, die Arbeit eigentlich hat, nicht herstellbar seien.

Dieser Einwand trifft von vornherein nur die Auffassungen, die in ihrer Argumentation auf die negativen Folgen der Erwerbsarbeitslosigkeit für das Selbstbewusstsein zurückgreifen, also die Gleichverteilungsauffassung von Pfannkuche und die Bedürfnisauffassung von Schlothfeldt. Die Eigentumsauffassung bleibt von dieser Kritik unberührt. Schlothfeldt argumentiert gegen diesen Einwand, dass nicht nur die „Schätzung der Arbeit durch die Nutznießer“[110], sondern auch „die Beteiligung am ökonomischen Leistungsaustausch eine eigenständige Voraussetzung für die Selbstachtung darstellt. [...] Auch wenn möglicherweise die Tatsache, aufgrund besonderer Fähigkeiten vorgezogen oder bezahlt zu werden, das Selbstwertgefühl in besonderem Maße stärkt, dürfte es außer Frage stehen, daß unter dem Gesichtspunkt der Selbstachtung auch eine Zuteilung aus Bedürftigkeitsgründen gegenüber dem völligen Ausschluß aus der Erwerbsarbeit vorzuziehen wäre.“[111] Dieses Gegenargument von Schlothfeldt kann durch ein weiteres ergänzt werden: Wenn ein Staat ein Recht auf Arbeit anerkennt, dann muss er dafür sorgen, dass das Angebot an Arbeitsplätzen mit der Nachfrage übereinstimmt. Er muss dann entweder selbst Arbeitsplätze schaffen oder die Unternehmen dazu zwingen, beispielsweise durch die gesetzliche Einführung einer 20 Stunden Woche oder Ähnliches. Den so geschaffenen Arbeitsplätzen wäre aber gar nicht anzusehen, dass sie ursprünglich entstanden sind, um Arbeitslose aufzufangen. Wenn ein Unternehmen beispielsweise seine Mitarbeiter nur noch vier Stunden am Tag beschäftigen dürfte, und nun zwei statt einem Arbeitnehmer einstellen müsste, wäre doch nicht erkennbar, wer keine Arbeit hätte, wenn diese Regelung nicht bestände. Ähnlich verhielte es sich mit den staatlichen Angestellten: Zwar ist es häufig so, dass gerade im sozialen Bereich auf Grund der mangelnden Kaufkraft der Nutznießer dieser Arbeiten diese nicht nachgefragt werden würden, wenn man sie dem freien Markt überließe, dies bedeutet aber nicht, dass die Arbeiten nicht wichtig wären oder gebraucht würden. Außerdem, wenn ein Staat beispielsweise

[110] Schlothfeldt, Erwerbsarbeitslosigkeit als sozialethisches Problem, S. 154.
[111] Ebd.

mehr Lehrer einstellt mit dem Ziel, die Arbeitslosigkeit unter Lehrer zu verringern, muss dem einzelnen Lehrerposten doch nicht anzusehen sein, dass er mit dieser Zielsetzung entstanden ist. Man kann daher von einem Recht auf Arbeit nicht generell behaupten, dass es kontraproduktiv sei.

Als letzter genereller Einwand gegen ein Recht auf Arbeit soll noch die Frage diskutiert werden, ob ein Recht auf Arbeit mit anderen Rechten kollidiert. Nach diesem Einwand werden durch die Umsetzung eines Rechts auf Arbeit die Eigentumsrechte entweder der Unternehmer, wenn sie gezwungen würden, Arbeitslose einzustellen, oder aber der Steuerzahler, wenn sie teure Beschäftigungsprogramme finanzieren müssten, verletzt. Gegen diesen Einwand argumentieren Pfannkuche und Schlothfeldt, die beide als Grundlage für ihre Argumentation von der Wahl aus einer unparteiischen Perspektive ausgehen, dass ein Recht auf Arbeit auf Grund der gravierenden negativen Folgen der Arbeitslosigkeit Vorrang vor den entsprechenden Eigentumsrechten hätte, d.h. aus einer unparteiischen Perspektive gewählt würde. Schlothfeldt: „Um ein Recht auf Arbeit zu ermöglichen, könnte es notwendig sein, die freie Verfügung über bereits erworbenes Eigentum einzuschränken. Arbeitgeber würden vielleicht nicht immer nach eigenem Gusto entscheiden können, wen sie zu welchen Konditionen einstellen. [...] Der Anspruch auf Beteiligung an der Erwerbsarbeit hat aber stärkeres Gewicht, da die Absicherung gegen eine marginale soziale Position unter fairen Bedingungen gegenüber den genannten Freiheiten vorgezogen werden würde.“[112] Ähnlich Pfannkuche: „Es ist aus der unparteiischen Perspektive unakzeptabel, die Selbstbestimmung der einen [der Unternehmer] so weit zu entwickeln, daß dabei Millionen andere [die Arbeitslosen] als Manövriermasse für diese Freiheit gebraucht werden.“[113]

Nach der Eigentumsauffassung ist das Recht auf Arbeit selbst ein Eigentumsrecht. Mit der Eigentumsauffassung kann man argumentieren, dass nicht das Recht auf Arbeit sondern Arbeitslosigkeit Eigentumsrechte verletzt. Eine Gesellschaft, in der ein arbeitsteiliges System der Produktion besteht, das auf der Verarbeitung der natürlichen Ressourcen beruht, und zu dem einigen der Zutritt verwehrt wird, verletzt Eigentumsrechte. Wenn nun beispielsweise Steuern erhoben werden müssen, um die Arbeitslosigkeit abzubauen, stellt dies keine Verletzung von Eigentumsrechten dar, da sich die Steuerzahler mehr angeeignet haben, als ihnen zusteht, wie die beste-

---

[112] Schlothfeldt, Erwerbsarbeitslosigkeit als sozialethisches Problem, S.156/6.
[113] Pfannkuche, Gibt es ein Recht auf Arbeit?, S. 106.

hende Arbeitslosigkeit zeigt, auch wenn man dem Steuerzahler als Einzelnem sicher keine unrechtmäßige Aneignung vorwerfen kann. Die Eigentumsauffassung kann also dem Einwand, dass ein Recht auf Arbeit Eigentumsrechte verletzen würde, entgehen, indem sie zeigt, dass nicht durch ein Recht auf Arbeit sondern im Gegenteil ohne ein solches Recht Eigentumsrechte verletzt werden.

Zusammenfassend kann also festgehalten werden, dass mit Hilfe der drei vorgestellten Begründungen die gängigen Einwände gegen ein Recht auf Arbeit widerlegt werden konnten. Weder erweisen sich das Grundeinkommen oder Arbeitslosengeld als vorzugswürdige Alternativen zu einem Recht auf Arbeit, noch scheint der Vorwurf der Kontraproduktivität und der Verletzung anderer Rechte berechtigt. Es bleibt aber noch die Frage, ob die einzelnen Begründungen eines Rechts auf Arbeit in sich schlüssig und akzeptabel sind. Dieser Frage soll im folgenden Abschnitt nachgegangen werden.

3.2. Einwände gegen die verschiedenen Begründungen eines Rechts auf Arbeit

Im folgenden soll der Reihe nach die Überzeugungskraft von Schlothfeldts Bedürfnisauffassung, Pfannkuches Gleichverteilungsauffassung und Steinvorths Eigentumsauffassung untersucht werden.

3.2.1. Die Bedürfnisauffassung

Stephan Schlothfeldt stützt sich in seiner Argumentation für ein Recht auf Arbeit auf Rawls` Konstruktion einer rationalen Wahl hinter einem Schleier des Nicht-Wissens. Allerdings erweitert er die Rawlsche Theorie dahingehend, dass nicht nur die Realisierung von Lebensplänen, sondern auch das Wohlbefinden als ein normativ zu berücksichtigendes Interesse von Personen Beachtung findet. Nach Schlothfeldt würden sich die Individuen hinter einem um die Kenntnis der Voraussetzungen des Wohlbefindens erweiterten Schleier des Nicht-Wissens dafür entscheiden, soziale Bedürfnisse als Voraussetzungen des Wohlbefindens abzusichern. Die Beteiligung an der Erwerbsarbeit sei ein soziales Bedürfnis, das als ein Recht auf Arbeit geschützt werden müsste. In der folgenden Diskussion über die Überzeugungskraft der Schlothfeldtschen Bedürfnisauffassung soll dieser Aspekt seiner Argumentation im Mittelpunkt stehen: Es soll also nicht die Rawlsche Konstruktion einer rationalen Wahl hinter einem Schleier des Nicht-Wissens, sondern Schlothfeldts Konzentration auf Bedürfnisse kritisch hinterfragt werden. An Schlothfeldts Begründung eines Rechts auf Arbeit soll die Frage gerichtet werden, ob sich Rechte und speziell ein Recht auf Arbeit tatsächlich über Bedürfnisse rechtfertigen lassen?

Ich denke die Antwort auf diese Frage ist nein, und zwar aus folgenden Gründen:

Erstens: Schlothfeldts Argumentation für ein Recht auf Arbeit kann nicht überzeugen, da eine seiner Prämissen falsch ist: Der empirischen Prämisse, dass die Beteiligung an der Erwerbsarbeit ein soziales Bedürfnis darstellt, weil die Betroffenen ansonsten in ein marginale soziale Position abrutschen, kann nicht zugestimmt werden.

Zweitens: Wohlbefinden bzw. Leid sind weder ein eindeutiges Anzeichen für Gerechtigkeit bzw. Unrecht, noch können sie diese begründen.

Diese beiden Thesen sollen im folgenden begründet werden. Zunächst zur ersten These:

Schlothfeldts Prämisse, dass die Beteiligung an der Erwerbsarbeit ein soziales Bedürfnis darstellt, ist falsch. Zur Erinnerung, Schlothfeldt kommt folgendermaßen zu dieser Prämisse: Das Wohlbefinden soll in seiner normativen Theorie Berücksichtigung finden. Allerdings erkennt Schlothfeldt selbst den Einwand an, dass das Wohlergehen kein geeigneter Bezugspunkt für eine gerechte Verteilung sei, weil ansonsten unzufriedene, auf Luxus fixierte Personen auf Kosten anderer befriedigt werden müssten, die eher zur Zufriedenheit neigen und weniger anspruchsvoll seien.[114] Er meint aber diesem Einwand entgehen zu können, indem er nicht das subjektive Wohlbefinden selbst, sondern die nach Schlothfeldt verallgemeinerbaren Voraussetzungen des Wohlbefindens als Bezugspunkt nimmt. Als eine Voraussetzung des Wohlbefindens nennt er das soziale Bedürfnis, eine akzeptable soziale Position einzunehmen. Aus der empirischen Prämisse, dass Erwerbsarbeitslosigkeit zum Abrutschen in eine marginale soziale Position führt, schließt er dann, dass Erwerbsarbeit ein soziales Bedürfnis darstellt.

Ich halte diese empirische Prämisse für problematisch. Sie trifft auf einige Arbeitlose zu, berücksichtigt aber zu wenig die individuelle Ausgangssituation der Betroffenen. Die soziale Situation der von Arbeitslosigkeit Betroffenen kann ganz verschieden aussehen, beispielsweise je nachdem, ob

[114] Schlothfeldt, Erwerbsarbeitslosigkeit als sozialethisches Problem, S. 139.

sie weiblich oder männlich sind. Als einen wesentlichen Aspekt für die Bewertung der sozialen Position nennt Schlothfeldt die soziale Anerkennung. Die soziale Anerkennung der von Arbeitslosigkeit Betroffenen kann aber gänzlich unterschiedlich ausfallen: So wird das Ansehen eines jungen, unverheirateten Mannes durch die Arbeitslosigkeit sicherlich erheblich leiden, während bei einer jungen, verheirateten Frau mit kleinen Kindern sogar das Gegenteil der Fall sein kann: in ländlichen, konservativ geprägten Gegenden würde das Ansehen dieser Frau wohl eher leiden, wenn sie einer Erwerbstätigkeit nachginge und die Familie „im Stich ließe". Selbst wenn man nur die heutigen, westlichen Gesellschaften betrachtet, trifft es einfach nicht zu, dass alle Menschen, die arbeiten wollen und nach Arbeit suchen aber keine bekommen, in eine marginale soziale Position abrutschen. Hiermit soll keinesfalls bestritten werden, dass Arbeitslosigkeit für viele Betroffene eine außerordentliche Härte darstellt. Schlothfeldt behauptet allerdings, dass die Voraussetzungen des Wohlbefindens verallgemeinerbar wären. Als eine Voraussetzung des Wohlbefindens bestimmt er das soziale Bedürfnis, eine akzeptable soziale Position einzunehmen. Erwerbsarbeitslosigkeit führe zum Abrutschen in eine marginale soziale Position. Daher stelle die Beteiligung an der Erwerbsarbeit ein soziales Bedürfnis dar. Dies stimmt aber nicht. Für die als Bespiel genannte junge Mutter, die arbeiten möchte, ist es sicherlich Teil ihrer Vorstellung vom guten Leben zu arbeiten, sie gerät durch Arbeitslosigkeit aber in keine marginale soziale Position. Schlothfeldt behauptet nun aber, deshalb erweitert er die Rawlsche Theorie überhaupt, dass sich ein Recht auf Arbeit nur durch die Berücksichtigung verallgemeinerbarer Vorraussetzungen des Wohlbefindens und gerade nicht durch die Berücksichtigung von Lebensplänen rechtfertigen lässt, weil Erwerbsarbeit keine Voraussetzung für die Realisierung beliebiger Lebenspläne sei. Hierauf kann aber eingewandt werden, dass es dann keinen Grund gibt, arbeitslosen verheirateten Müttern, deren soziales Ansehen unter der Arbeitslosigkeit nicht leidet, ein Recht auf Arbeit zu gewähren. Dass ihre Lebensplanung - und damit die Frauen selbst - unter der Arbeitslosigkeit leidet, dürfte nach Schlothfeldt Argumentation keine Rolle spielen. Genauso wenig beispielsweise wie das Unglück eines verarmten Luxusliebhabers staatliche Zuwendungen an diesen rechtfertigt, kann das Unglück der arbeitlosen Mütter ein Recht auf Arbeit rechtfertigen. Die Mütter leiden sozusagen aus dem falschen Grund: nicht aus sozialer Marginalisierung sondern aus Nicht-Befriedigung von Lebenswünschen. Dies bedeutete dann aber, dass ein Recht auf Arbeit, wie man es mit Schlothfeldt Argumentation begründen könnte, ein Recht wäre, das nicht für alle gelten würde, sondern nur für diejenigen, die von sozialem Statusverlust bedroht sind.

Stefan Gosepath wendet gegen Menschenrechtsbegründungen, die mit Bedürfnissen operieren, ein, dass sie daran scheiterten, einen allgemeinverbindlichen Katalog mit menschenrechtlich schützenswerten Bedürfnissen zu erstellen: „Der Bedürfnisansatz müsste substantielle Behauptungen über die allgemeine Bedürfnisnatur des Menschen machen, um einen Katalog von qualitativ und quantitativ bestimmten, durch soziale Menschenrechte zu schützende Bedürfnisse angeben zu können. Diese qualitative Bestimmung dessen, was die schützenswerten Grundbedürfnisse ausmacht, kann heute kaum noch allgemein verbindlich und allgemein überzeugend gelingen. Die substantiellen Prämissen bleiben notwendig dem Kontext bestimmter historischer, kultureller, ideologischer, religiöser usw. Deutungen der menschlichen Natur verhaftet. Das Faktum des weltweiten Relativismus und Pluralismus des Menschenbildes wird, wenn man versucht, substantielle Aussagen zu machen, nicht hinreichend berücksichtigt."[115] Dieser Einwand scheint auf Stephan Schlothfeldts Bedürfnisansatz zuzutreffen: Ob man Erwerbsarbeit tatsächlich als ein grundlegendes menschliches Bedürfnis ansehen kann, wie Schlothfeldt dies tut, ist sehr fraglich. Die Begründung, die er gibt, nämlich über den Zwischenschritt, dass das Innehaben einer akzeptablen sozialen Position ein soziales Bedürfnis darstellt, ist, wie eben gezeigt, mehr als fraglich. Ob es eventuell eine andere, überzeugendere Möglichkeit gibt, Erwerbsarbeit als ein soziales Bedürfnis auszuweisen, sei dahingestellt. Schlothfeldts Argumentation, um die es hier geht, weist Arbeit zumindest nicht überzeugend als ein Grundbedürfnis aus. Stellt man nun einen interkulturellen Vergleich an, zeigt sich dies noch deutlicher: Gerade das Beispiel der unterschiedlichen Bewertung der Arbeitslosigkeit bei Männern und Frauen, die in Gesellschaften mit einer stark ausgeprägten traditionellen Rollenzuweisung wohl noch deutlicher ausfällt, zeigt, dass man Arbeit nicht als ein soziales Bedürfnis ausweisen kann, indem man auf die soziale Bewertung Bezug nimmt. Wenn man aber ein Grund- bzw. Menschenrecht[116], also ein Recht, das allen Menschen voraussetzungslos zukommt, über Be-

---

[115] Gosepath, Zu Begründungen sozialer Menschenrechte, S. 168.

[116] Unter einem *Grundrecht* soll ein Recht verstanden werden, dass zwar nicht weltweit, aber für alle Mitglieder einer Gesellschaft voraussetzungslos gilt. Schlothfeldt argumentiert für die heutigen westlichen Gesellschaften und somit für Grundrechte und nicht für Menschenrechte. Damit entgeht er aber nicht dieser Kritik, da auch die Grundrechte zumindest für alle Mitglieder einer Gesellschaft gelten.

dürfnisse rechtfertigen will, dann muss man zeigen, dass es sich um Bedürfnisse handelt, die alle Menschen haben. Hieran scheitert Schlothfeldt. Es bleibt die Frage, ob man Rechte überhaupt über Bedürfnisse rechtfertigen kann:

Schlothfeldts Ansatz wirft nicht nur das Problem auf, welche Bedürfnisse als Rechte geschützt werden sollten, sondern warum Bedürfnisse überhaupt als Rechte geschützt werden sollten. Gosepath wendet gegen die Bedürfnisauffassung ein, dass es essentielle Grundbedürfnisse gäbe, die menschenrechtlich weder geschützt werden könnten noch sollten, wie z.B. Sexualität.[117] Diese Kritik an der Bedürfnisauffassung steht im unmittelbaren Zusammenhang mit der zweiten These, die nun begründet werden soll:

Schlothfeldts Bedürfnisauffassung soll die Behauptung gegenübergestellt werden, dass Wohlbefinden bzw. Leid weder ein eindeutiges Anzeichen für Gerechtigkeit bzw. Unrecht sind, noch diese begründen können. Diese Behauptung stützt sich auf moralische Intuitionen[118]: Auch wenn es sein kann, dass Leid und Unrecht zusammen auftreten, so widerspricht es unseren moralischen Intuitionen in vielen Fällen, Leid und Unrecht bzw. Wohlergehen und Gerechtigkeit miteinander gleichzusetzen. Es gibt Leid, das kein Unrecht ist, wie auch Unrecht, das kein Leid verursacht. Beispiele für ersteres sind Krankheit, Einsamkeit oder auch eine Gefängnisstrafe, Beispiele für letzteres unbemerkte Straftaten, wie ein unbemerkter Diebstahl.

Diese Beispiele sollen zeigen, dass man ein Recht auf Arbeit nicht begründen kann, indem man betont, wie viel Leid Arbeitslosigkeit verursacht, da man dann nach der gleichen Argumentation auch andere Rechte einfordern könnte, die zu fordern aber unseren moralischen Intuitionen eindeutig widerspricht. So könnte man argumentieren, dass es eine verallgemeinerbare Voraussetzung des Wohlbefindens ist, eine partnerschaftliche Beziehung mit einem anderen Menschen zu haben und es daher ein Recht auf eine Partnerschaft geben müsste. Gegen ein solches Recht spricht aber nicht nur, dass es sich schwer umsetzen ließe, da sich Zuneigung und eine innere Verbundenheit nicht erzwingen lassen, sondern auch, dass nach unseren moralischen Intuitionen dem Einsamen kein Unrecht widerfährt. Würde sich jemand bemühen, dem Einsamen eine Partnerschaft zu vermitteln, würden wir dies vielleicht als gelungenen Freundschaftsbeweis bewerten, aber es würde

---

[117] Ebd. S. 169.

[118] Für ein Erklärung und Begründung dafür, welche Rolle moralische Intuitionen in einer Moralphilosophie spielen können, vgl. z.B. Steinvorth, Gleiche Freiheit, S. 36ff.

sicherlich niemand behaupten, dass der Einsame nun endlich zu seinem Recht käme. Und dies liegt auch nicht daran, dass man den Zustand der Einsamkeit keinem Rechtsbrecher zuordnen kann. Auch eine Scheidung oder Trennung, die von einem der Partner ausgeht und bei dem anderen großes Leid verursacht, würden wir nicht (zwangsläufig) als eine Unrechtstat bewerten.[119] Weder durch die Natur hervorgerufenes Leid noch menschengemachtes Leid sehen wir automatisch als Unrecht an. Im Gegenteil: Eine Gefängnisstrafe, die sicherlich erhebliches Leid verursacht, wird, zumindest von den Befürwortern solcher Strafen, gerade als Durchsetzung der Gerechtigkeit betrachtet. Es entspricht einfach nicht unseren moralischen Intuitionen, Gerechtigkeit mit Wohlbefinden gleichzusetzen. Dies zeigt auch das gegenteilige Beispiel des Unrechtes, das kein Leid verursacht. Auch ein Verbrechen, das von den Opfern unbemerkt bleibt und somit kein Leid verursachen kann, ist ein Unrecht. So würden wir beispielsweise auch einen Diebstahl an alten, verwirrten Leuten, der diesen gar nicht auffällt, als Unrecht werten. Leid und Unrecht bzw. Wohlbefinden und Gerechtigkeit treten zwar häufig zusammen auf, folgen aber nicht zwangsläufig auseinander. Daher kann eine Argumentation für ein Recht auf Arbeit, die sich im wesentlichen darauf stützt, welches Leid Arbeitslosigkeit verursacht, nicht überzeugen.

Zusammenfassend kann festgehalten werden, dass Schlothfeldts Begründung eines Rechts auf Arbeit aus zweierlei Gründen zu kritisieren ist: Weder überzeugt Schlothfelts Ansatz speziell bezogen auf ein Recht auf Arbeit noch als eine Rechtfertigung von Rechten insgesamt. Seine Argumentation speziell bezogen auf ein Recht auf Arbeit scheitert, da er die Prämisse, dass Arbeit ein Grundbedürfnis sei, nicht stichhaltig begründen kann. Insgesamt scheint ein Ansatz, der über den Rückgriff auf menschliche Grundbedürfnisse Rechte rechtfertigen will, mit unseren moralischen Intuitionen in Konflikt zu geraten.

3.2.2. Die Gleichverteilungsauffassung

Pfannkuches Argumentation für ein Recht auf Arbeit liegt die Prämisse zu Grunde, dass Arbeit ein Grundgut ist. Ausgehend von dieser Prämisse ar-

---

[119] Auch Gläubige, die ein Scheidung vielleicht für Unrecht halten, tun dies nicht, weil einer der Partner leidet, sondern weil ein Gesetz Gottes gebrochen wird.

gumentiert er dann, dass in einem Abwägungsprozess der Vor- und Nachteile aus einer unparteiischen Perspektive entschieden werden würde, dass dieses Grundgut rechtlich geschützt werden sollte. Im folgenden soll gezeigt werden, dass Pfannkuches Prämisse, dass Arbeit ein Grundgut ist, nicht überzeugt. Außerdem wird die These vertreten, dass sich Pfannkuches Ansatz nach näherem Hinsehen als nicht geeignet erweist, überhaupt irgendwelche Rechte zu begründen. Wenn diese Kritik an Pfannkuche berechtigt ist, erübrigt sich die Erörterung einer anderen Möglichkeit der Kritik, nämlich die Untersuchung der Frage, ob in einem Abwägungsprozess der Vor- und Nachteile aus einer unparteiischen Perspektive tatsächlich entschieden werden würde, dass dieses Grundgut rechtlichen Schutz genießen sollte.

Grundgüter definiert Pfannkuche ähnlich wie Rawls. „Unter [...] Grundgütern verstehe ich solche, die vorhanden sein müssen, damit jemand überhaupt Ziele verfolgen kann. [...] Infolge der funktionalen Abhängigkeit vieler Güter von solchen Grundgütern kann das Fehlen eines Grundgutes meist nicht durch eine bessere Ausstattung mit anderen Gütern kompensiert werden.“[120] Arbeit sei ein solches Grundgut.

Mit Schlothfeldt, der gerade deshalb das Wohlbefinden berücksichtigt, weil er meint, dass Arbeit über Lebenspläne nicht als Grundgut bestimmt werden könnte, kann dagegen eingewandt werden, dass Arbeit nicht notwendig ist, um beliebige Lebensziele zu verfolgen. Dafür reicht auch eine finanzielle Ausstattung aus. Ein beliebiges Ziel könnte ja auch gerade darin bestehen, faul zu sein. Wie aber sollte Arbeit, quasi das Gegenteil, die Voraussetzung für Faulheit sein?

Pfannkuche könnte nun hierauf einwenden, dass Arbeit ein Grundgut sei, da Arbeitslosigkeit zu erheblichen Beeinträchtigungen des Wohlbefindens führe. Diese Beeinträchtigungen seien so groß, dass ohne Arbeit auf Grund der schlechten psychischen Verfassung die Verfolgung anderer Ziele unmöglich sei. Nicht direkt die Arbeit selbst, sondern die negativen Folgen der Arbeitslosigkeit machen diese also zu einem Grundgut oder anders formuliert: weil Arbeit eine Voraussetzung des Wohlbefindens ist, gilt sie als Grundgut. Versteht man Pfannkuches Argumentation aber auf diese Weise, dann steht Pfannkuche den gleichen Problemen gegenüber wie Schlothfeldt: Wollte man alles das, dessen Fehlen das Wohlbefinden in starkem Maße beeinträchtigt, als ein Grundgut auszeichnen, dann müsste man beispielsweise auch die Luxusartikel, die ein Luxusfanatiker begehrt, in die Liste der

---

[120] Ebd. S. 104

Grundgüter aufnehmen, da sein Wohlbefinden ohne sie sicherlich erheblich leidet. Schlothfeldts Versuch mit diesem Problem umzugehen, ist bereits kritisiert worden. Weder über Lebenspläne noch über das Wohlbefinden lässt sich also Arbeit als ein Grundgut ausweisen.

Meines Erachtens zeigt gerade der vergebliche Versuch, Arbeit überzeugend als ein Grundgut zu bestimmen, den zentralen Mangel an Pfannkuches Theorie der Grundgüter: das Fehlen von Eigentumsprinzipien, die regeln, welche Güter überhaupt einer gerechten oder gleichen Verteilung unterworfen werden sollten. Wird argumentiert, dass jeder, der arbeiten möchte, auch einen Anspruch auf einen Arbeitsplatz hat, da ansonsten sein Wohlbefinden leidet, und dass Eigentums- und Freiheitsrechte der Unternehmer und Arbeitnehmer, die ihren Arbeitsplatz teilen müssen, hinter diesem Anspruch zurückstehen müssen, dann kann man auch argumentieren, dass Nieren von Gesunden an Kranke verteilt werden sollten, so dass am wenigsten Beeinträchtigungen des Wohlbefindens vorliegen.[121] Dies würde bedeuten, dass man Menschen mit gesunden Nieren, die nicht lebensnotwendig beide Nieren bräuchten und auch nicht so sehr unter dem Verlust einer Niere litten, die Niere entnehmen und an einen Dialysepatienten geben müsste. Auch wenn es vielleicht der moralischen Intuition widerspricht, Nieren als verteilbare Grundgüter zu behandeln, gibt Pfannkuches Argumentation kein Mittel an die Hand, diese Konsequenz zu vermeiden. Pfannkuche übergibt alles der Verteilung, was irgendwie verteilbar ist. Was seiner Theorie offenbar fehlt, sind Eigentumsprinzipien, die regeln, welche Güter wie angeeignet und verteilt werden dürfen.

Das Nieren-Beispiel macht deutlich, dass sich mit Pfannkuches Argumentation keinesfalls ein liberales Recht auf Arbeit rechtfertigen lässt. Mit Pfannkuches Ansatz lassen sich überhaupt keine liberalen Rechte begründen, da er einen Bereich unveräußerlicher moralischer Ansprüche des Einzelnen, die dieser auch gegen kollektivistische Interessen geltend machen kann, gerade nicht anerkennt. Darüber, ob ein Gut rechtlichen Schutz genießen sollte, entscheidet bei Pfannkuche das Utilitätsprinzip: „Die Vorteile der rechtlichen Absicherung dieses Gutes müssen die damit verbundenen Nachteile überwiegen."[122] Die Vorteile überwiegen die Nachteile, wenn die Einführung des Rechts „zu einem höheren Niveau der Zufriedenheit" in der

[121] Dieses Beispiel ist entnommen: Steinvorth, Gleiche Freihheit, S. 102.
[122] Pfannkuche, Gibt es ein Recht auf Arbeit?, S. 104

Gesellschaft führt.[123] So sei eine Gesellschaft mit einem Recht auf Arbeit einer Gesellschaft ohne ein solches Recht vorzuziehen, selbst wenn letztere die produktivere sei, da „der größere Reichtum der produktiveren Gesellschaft nicht zu einem höheren Niveau der Zufriedenheit führt, [...] es in ihr aber eine zusätzliche Ursache erheblicher Leiden gibt."[124] Was einige Kritiker Rawls vorwerfen, wird bei Pfannkuches Anwendung der Rawlschen Theorie offensichtlich: letztlich vertritt Pfannkuche eine Variante des Utilitarismus. In Abschnitt I.3. ist bereits die Position vertreten worden, dass mit utilitaristischen Ansätze gerade keine Begründung von Rechten möglich ist. Es ist mit Steinvorth argumentiert worden, dass im Utilitarismus Menschenrechte nur Konsequenzen oder Voraussetzungen dessen seien, was als eigentliches Moralprinzip betrachtet wird, nämlich das Prinzip, Glück zu maximieren. Ein unreduzierbarer Inhalt der Moral oder der Gerechtigkeit seien sie gerade nicht.[125] Pfannkuches Ansatz bestätigt diese Kritik. Das Recht auf Arbeit sei gerechtfertigt, da es das Niveau der Zufriedenheit in der Gesellschaft erhöhe. Die Eigentumsrechte der Unternehmer und Arbeitnehmer dürfen mit derselben Rechtfertigung eingeschränkt werden. Wie das Nieren-Beispiel zeigt, ließe sich mit der gleichen Argumentation auch das Recht auf freie Verfügung über den eigenen Körper beschneiden. Unveräußerliche Rechte haben in diesen Ansatz also gerade keine Geltung.

Zusammenfassend kann festgehalten werden, dass Pfannkuches Argumentation für ein Recht auf Arbeit nicht überzeugt. Pfannkuches These, dass Arbeit ein Grundgut ist, ist nicht plausibel. Für die Verfolgung beliebiger Ziele scheint Arbeit nicht notwendig zu sein. Betont man hingegen die Auswirkungen auf das Wohlbefinden und macht dieses somit zum normativ relevanten Maßstab der Verteilung, steht Pfannkuche vor den gleichen Problemen wie Schlothfeldt. Doch auch wenn Pfannkuche überzeugend darlegen könnte, dass Arbeit ein rechtlich zu schützendes Grundgut sei, würde diese Argumentation nicht ausreichen, ein Recht auf Arbeit nach dem hier zu Grunde gelegten Rechtsverständnis zu rechtfertigen.

---

[123] Ebd.

[124] Ebd.

[125] Vgl. S. 31 der vorliegenden Arbeit und Steinvorth, Menschenrechte und Sozialstaat, S. 9

3.2.3. Die Eigentumsauffassung

Im folgenden soll zunächst die Geltung der Eigentumsauffassung geprüft werden. Dazu sollen einige Einwände, die gegen Steinvorths Begründung eines Rechts auf Arbeit vorgebracht wurden, diskutiert werden. Als Ergebnis dieser kritischen Diskussion der Steinvorthschen Begründung eines Rechts auf Arbeit kann vorweggenommen werden, dass keiner der Einwände gegen die Eigentumsauffassung und daher diese als überzeugend angesehen wird, wenn auch als unvollständig in Hinblick auf die Umsetzung eines Rechts auf Arbeit. Zwei Fragen wirft Steinvorths Vorschlag einer Umsetzung eines Rechts auf Arbeit auf:

Erstens: Folgt Steinvorths Vorschlag eines zweiten öffentlich finanzierten Arbeitsmarktes zwingend aus seiner Begründung eines Rechts auf Arbeit und sind alle anderen Maßnahmen zum Abbau der Arbeitslosigkeit abzulehnen oder ließen sich auch staatliche Eingriffe in den privaten Sektor, wie Pfannkuche und Schlothfeldt sie vorschlagen, mit der Eigentumsauffassung rechtfertigen bzw. würde dies die Gerechtigkeit vielleicht sogar verlangen?

Zweitens: Der zweite Problembereich ergibt sich aus dem Umstand, dass Arbeitsplätze in verschiedenen Hinsichten von unterschiedlicher Qualität sind. Es stellt sich dadurch für die Einlösung eines Rechtsanspruchs auf Arbeit die Frage, welche Arbeit eine Person einfordern darf bzw. mit welchem Angebot der Anspruch auf Arbeit als erfüllt angesehen werden kann: Reicht die Tatsache, dass noch offene, wenn auch wenig begehrte Stellen vorhanden sind, die der Arbeitssuchende auch erhalten würde, aus, um den Rechtsanspruch als erfüllt anzusehen oder muss die Arbeitsstelle bestimmten Bedingungen genügen, z.B. der Qualifikation des Bewerbers angemessen sein oder gar seinen beruflichen Wünschen? Gefragt werden soll also nach Qualitätsbedingungen der Arbeit bzw. Zumutbarkeitsbedingungen für die Arbeitssuchenden.

Bevor diese Fragen diskutiert werden, sollen aber zunächst einige Einwände, die gegen Steinvorths Begründung eines Rechts auf Arbeit erhoben wurden, geprüft werden: Stephan Schlothfeldt verwirft Steinvorths Begründung mit einer Reihe von Argumenten, denen meines Erachtens aber allen ein falsches Verständnis von Steinvorths Argumentation zu Grunde liegt:

Zwar charakterisiert Schlothfeldt Steinvorths Argumentation als den Versuch, ein Recht auf Arbeit aus dem „Entschädigungsprinzip“ abzuleiten, die für diese Argumentation notwendigen Prämissen beachtet er aber gar nicht.

Lockes Prämisse, dass die natürlichen Ressourcen Gemeineigentum der Menschheit sind, die Steinvorth übernimmt und die grundlegend für den Gedanken ist, dass man ein Recht auf Arbeit als eine Entschädigung rekonstruieren kann, spielt in Schlothfeldts Kritik keine Rolle. Stattdessen gründet nach Schlothfeldts Darstellung der Entschädigungsgedanke auf dem Recht auf den Gebrauch der produktiven Fähigkeiten, das sich nur durch ein Recht auf Arbeit sicherstellen lasse. Nach Schlothfeldt leitet Steinvorth somit letztendlich aus dem Recht auf den Gebrauch der produktiven Fähigkeiten ein Recht auf Arbeit ab. „Laut Steinvorth stellt es ein Menschenrecht dar, produktive Fähigkeiten einsetzen zu können."[126] Die natürlichen Ressourcen seien die Mittel, die gebraucht würden, um die produktiven Fähigkeiten ausüben zu können. „Wenn eine private Aneignung natürlicher Ressourcen zugelassen wird, müssen folglich die vom Gebrauch ausgeschlossenen Personen dadurch entschädigt werden, dass ihnen eine Arbeit garantiert wird."[127] Das Recht auf Arbeit könne als ein Freiheitsrecht verstanden werden, da es die Möglichkeit sichere, sein Fähigkeiten einzusetzen.[128]

Zu dieser Darstellung der Steinvorthschen Argumentation ist folgendes zu sagen: Man kann Steinvorth wohl derart interpretieren, dass das Recht auf Arbeit aus dem Recht auf den Gebrauch der eigenen Fähigkeiten folgt. Als Unterstützung dieser Interpretation könnte man beispielsweise folgende Textstelle anführen: „Dies Ziel verband sich mit der Idee der Menschenrechte, nach der jeder ein Recht darauf hat, seine Fähigkeiten unter der Bedingung zu entwickeln, dass jeder ebenso seine Fähigkeiten entwickeln könne. Da die Arbeit gewöhnlich die Ausübung einer nichtdestruktiven Fähigkeit ist, wird das Recht auf Arbeit im strengen Sinn von der Idee der Menschenrechte impliziert."[129] Allerdings wurde in dieser Arbeit einer anderen Interpretation gefolgt, die in II.2.3. dargestellt wurde: Das Recht auf Arbeit leitet sich nach dieser Interpretation nicht aus dem Recht auf die Betätigung der eigenen Anlagen ab, sondern aus dem Eigentumsrecht an den natürlichen Ressourcen. Nach Steinvorth ist es ein Freiheitsrecht, seine eigenen Anlagen frei zu betätigen. Aus dieser Prämisse folgt nach meiner Interpretation aber weder der Anspruch auf die natürlichen Ressourcen noch auf ein Recht auf Arbeit. Aus dem Recht auf die eigenen Anlagen und deren

---

[126] Schlothfeldt, Erwerbsarbeitslosigkeit als sozialethisches Problem, S. 104.
[127] Ebd.
[128] Vgl. Ebd., S. 159, Fußnote 41.
[129] Steinvorth, Das Recht auf Arbeit, S. 84.

produktiven Gebrauch leitet sich das Recht auf das Produkt dieses Gebrauchs, das Arbeitsprodukt, bzw. auf den Wertanteil des Produkts, der auf Arbeit zurückzuführen ist, ab. Auf den Naturwertanteil des Produkts hat der Arbeitende keinen (alleinigen) Eigentumsanspruch. Daher leitet sich der Anspruch auf die natürlichen Ressourcen gerade nicht aus dem Recht auf die eigenen Anlagen, sondern aus den Lockeschen Eigentumsprinzipien ab, zu denen auch die Annahme zählt, dass die Erde Gemeineigentum der Menschheit ist. Das Recht auf Arbeit wiederum basiert auf dem Anspruch auf die produktive Mitverfügung über die natürlichen Ressourcen.

Dieser Interpretation der Steinvorthschen Argumentation wird auch daher der Vorzug gegeben, weil eine Begründung, die das Recht auf Arbeit auf das Recht zum Gebrauch der eigenen Anlagen gründet - in diesem Punkt stimme ich mit Schlothfeldt überein - nicht als überzeugend angesehen wird. Aus dem Recht zum Gebrauch der eigenen Anlagen lässt sich nur ein Recht zur Arbeit, nicht aber auf Arbeit ableiten. Der Versuch, auch ein Recht auf Arbeit mit dem Recht auf die freie Betätigung der eigenen Anlagen zu begründen, wurde bereits in Abschnitt II.1. unter der Bezeichnung *Freiheitsauffassung* diskutiert und verworfen. Nach der Freiheitsauffassung werden soziale Menschenrechte damit begründet, dass durch sie sichergestellt werden soll, dass Freiheitsrechte von allen wahrgenommen werden können. Die sozialen Rechte sollen die gleichen Nutzungschancen von Freiheitsrechten ermöglichen. In II.1. wurde ausgeführt, dass sich aber unter Berufung auf Freiheitsrechte eine durch die sozialen Rechte bedingte Einschränkung der Freiheitsrechte nicht überzeugend rechtfertigen lässt.[130]

Schlothfeldts Kritikpunkte beruhen alle auf der Annahme, dass Steinvorth aus dem Recht auf den produktiven Gebrauch der eigenen Anlagen ein Recht auf Arbeit ableitet. Auch er verwirft eine solche Argumentation, allerdings aus anderen Gründen als dem eben angeführten. Schlothfeldt versucht nachzuweisen, dass ein Recht auf den Gebrauch der eigenen Anlagen gar nicht besteht bzw. dass kein zwingender Zusammenhang zwischen dem Gebrauch der eigenen Fähigkeiten und der Arbeit besteht und daher das eine das andere nicht begründen kann:

So bestreitet er erstens, dass es ein Menschenrecht auf den Gebrauch produktiver Fähigkeiten gibt. „Zum einen ist es kein allgemeines, sondern ein spezifisches Interesse, schöpferische Fähigkeiten auszuüben und die

[130] Vgl. S. 35 in der vorliegenden Arbeit.

Welt zu formen. Daß ein Anspruch von der Idee der Menschenrechte impliziert wird, vermag ich nicht zu sehen."[131]

Zweitens behauptet er, dass das von der Arbeit gekennzeichnete Bild zu idealistisch sei, da beispielsweise ein Verkäufer sicherlich keine besonderen produktiven Fähigkeiten einsetze.[132]

In diesen beiden Kritikpunkten unterstellt Schlothfeldt, dass Steinvorths idealisierter Arbeitsbegriff grundlegend für seine Argumentation ist. Es ist aber bereits mehrfach herausgestellt worden, dass dies nicht so ist.[133]

Drittens sei die Ausübung der produktiven Fähigkeiten ja nicht an die Erwerbsarbeit gebunden, sondern zum Beispiel auch durch Hobbys möglich.[134] Dieser Kritikpunkt zeigt, dass Schlothfeldt übersieht, dass das Recht auf Arbeit auf dem Recht auf die Mitverfügung über die natürlichen Ressourcen gründet. Die Verfügung über die natürlichen Ressourcen erlaubt, diese zu bearbeiten und mit den Produkten dieser Arbeit den Lebensunterhalt zu sichern. In modernen arbeitsteiligen Gesellschaften erhält der Einzelne nicht mehr sein Arbeitsprodukt, sondern Lohn, der es ihm ermöglicht, sich selbst zu versorgen. Mit einer Tätigkeit, die nicht entlohnt wird, wodurch Hobbies gerade gekennzeichnet sind, kann der Anspruch auf die Mitverfügung über die natürlichen Ressourcen nicht eingelöst werden, da eine unbezahlte Tätigkeit nicht das ermöglicht, was die Mitverfügung über die natürlichen Ressourcen ermöglicht: eigenständig den eigenen Lebensunterhalt zu sichern.

Viertens schließlich behauptet er, dass die Verfügung über die natürlichen Ressourcen keine Voraussetzung sei, um Fähigkeiten produktiv einsetzen zu können, wie das Beispiel eines Lehrers zeige.[135] Hierbei übersieht Schlothfeldt, dass die Arbeit eines Lehrers nur möglich ist, da sie eingebunden ist in ein arbeitsteiliges System der Produktion, dass auf der Verarbeitung der natürlichen Ressourcen beruht. Steinvorth selbst räumt ein, dass nicht jede Arbeit die Bearbeitung eines Naturguts sei. „[...]die Arbeit des politischen Philosophen etwa ist es nicht. Aber ohne Naturgüter gibt es kein arbeitsteiliges System der Arbeit, in dem auch die philosophische Arbeit ihren Platz hat [...]."[136]

---

[131] Schlothfeldt, Erwerbsarbeitslosigkeit als sozialethisches Problem, S. 104.
[132] Ebd. S. 105.
[133] Vgl. S. 36f. und S. 54 der vorliegenden Arbeit.
[134] Schlothfeldt, Erwerbsarbeitslosigkeit als sozialethisches Problem, S. 105.
[135] Ebd.
[136] Steinvorth, Gleiche Freiheit, S. 224/5.

Insgesamt kann noch einmal festgehalten werden, dass diese vier Kritikpunkte, selbst wenn sie berechtigt wären, die Eigentumsauffassung nicht widerlegen, da sie alle auf die falsche Annahme abzielen, dass sich das Recht auf Arbeit aus dem Recht auf den Gebrauch der eigenen Anlagen ableitet.

Ein weiterer Kritikpunkt, der zwar im Prinzip schon diskutiert wurde, der aber noch einmal erwähnt werden soll, da er sowohl von Schlothfeldt als auch von Van Parijs explizit gegen Steinvorth erhoben wird, besteht in der Behauptung, dass eine Kompensation für den Ausschluss vom Gebrauch der natürlichen Ressourcen bzw. eine Überaneignung von Seiten der Arbeitenden finanziell geleistet werden könnte und daher kein Recht auf Arbeit nach sich zöge. Schlothfeldt: „Insbesondere verlangt das strikt verstandene Eigentumsrecht keine Umverteilungen, sofern nicht nachgewiesen werden kann, dass die Aneignung (oder Übertragung) der produktiven Ressourcen die Betroffenen schlechter gestellt hat. Selbst wenn eine minimale Kompensation an Arbeitslose geleistet werden müsste, wäre wohl allenfalls eine finanzielle Unterstützung erforderlich. Ein Anspruch auf Beteiligung an der Erwerbsarbeit lässt sich auf dieser Basis wohl kaum rechtfertigen."[137] Oder auch Van Parijs: „I fail to see why his Lockean premise of basic joint entitlement to all natural resources (which I do not share) would not generate instead, as argued by other scholars in the Lockean tradition such as Hillel Steiner (1994) or Peter Vallentyne (1997) a strong case for a modest unconditional basic income."[138]

Zur Widerlegung dieses Einwandes kann noch einmal wiederholt werden, was bei der Diskussion der Frage, ob das Grundeinkommen eine vorzugwürdige Alternative zu einem Recht auf Arbeit ist, bereits ausgeführt wurde. Das Eigentumsrecht an den natürlichen Ressourcen verlangt, dass der Einzelne nicht nur Anspruch auf den materiellen Wert der natürlichen Ressourcen hat, sondern auch darauf, über ihren Gebrauch und ihre Verwendung mitzuentscheiden und an ihrer Bearbeitung beteiligt zu werden. Dies bedeutet wiederum, dass er ein Anrecht darauf hat, an dem gesellschaftlichen System der Produktion, das auf der Bearbeitung der natürlichen Ressourcen beruht, teilzuhaben. Wird ihm nur ein Grundeinkommen aber keine Arbeit gewährt, verletzt dies sein Eigentumsrecht und kann nur als eine schwache Kompensation angesehen werden: „Weil das Recht auf Ar-

[137] Schlothfeldt, Erwerbsarbeitslosigkeit als sozialethisches Problem, S. 105.
[138] Van Parjis, Real Freedom, the Market, and the Family, S. 122.

beit das Recht ist, über den produktiven Gebrauch von Natürgütern mitzuverfügen, kann es nicht durch eine Besteuerung der Arbeitsplatzinhaber zur Geltung gebracht werden, wie van Parijs annimmt. Durch ein solche Besteuerung erhält der Arbeitslose nur ein Anrecht auf den konsumtiven Gebrauch von Naturgütern. Sein gleiches Recht auf ihren produktiven Gebrauch bleibt weiter verletzt. [...] Arbeitslosengeld wie Grundeinkommen sind Mittel, den Arbeitslosen an der Wahrnehmung seines Rechts auf nicht nur konsumtiven, sondern produktiven Gebrauch seines Anteils am Gemeineigentum natürlicher Ressourcen zu hindern."[139]

Keiner der angeführten Einwände gegen die Eigentumsauffassung kann also überzeugen. Und auch auf den in I.1. bereits kritisierten generellen Einwand, nach dem positive Leistungen nie als Rechte, sondern nur als Akte der Wohltätigkeit angesehen werden können, lässt sich mit der Eigentumsauffassung antworten: Die durch ein Recht auf Arbeit entstehenden Kosten können als Kompensationsleistungen für die an den Arbeitslosen begangene Eigentumsrechtsverletzung bewertet werden. Während die Bedürfnis- und die Eigentumsauffassung höchstens verdeutlichen können, warum ein Anspruch auf Arbeit wünschenswert wäre und eine Forderung der Wohltätigkeit darstellt, lässt sich mit der Eigentumsauffassung ein Recht auf Arbeit als eine Forderung der Gerechtigkeit ausweisen. Somit kann die leitende Fragestellung dieser Arbeit, ob sich ein Recht auf Arbeit rechtfertigen lässt, zumindest vorläufig beantwortet werden: Ein Recht auf Arbeit lässt sich als Sicherung des Zugangs zum Gemeineigentum begründen. Arbeitslosigkeit stellt ein Unrecht dar. Der Einzelne hat ein Recht auf Teilhabe am gesellschaftlichen System der Produktion.

Vorläufig ist die Beantwortung dieser Frage deshalb, weil die Umsetzung eines Rechts auf Arbeit die Frage aufwirft, mit welcher Arbeitsstelle der Rechtsanspruch als erfüllt angesehen werden kann. Sabine Gürtler unterscheidet bei dem Thema „Zugang zur Arbeit" zwei „Verteilungsprobleme": Erstens das Problem der „quantitativ gerechten Verteilung", das das Problem der Arbeitslosigkeit ist.[140] Dass Arbeitslosigkeit ein quantitatives Problem der Verteilungsgerechtigkeit darstellt, soll bedeuten, dass sich die Frage stellt, wie die Menge der vorhandenen Arbeit zu verteilen ist: Ist es gerecht, dass einige eine Arbeit haben und andere keine, zunächst einmal unabhängig davon, um was für eine Arbeit es sich handelt.

---

139 Steinvorth, Gleiche Freiheit, S. 171.
140 Gürtler, Die ethische Dimension der Arbeit, S. 734.

Von diesem Problem grenzt Gürtler das Problem der „qualitativ gerechten Verteilung“ ab. Dies bestehe darin, dass durch eine „asymmetrische Gewährung von Bildungs- und Aufstiegschancen“ das „Selbstverwirklichungspotenzial“ in der Arbeit sehr unterschiedlich verteilt sei.

Auf diese Terminologie von Gürtler soll im folgenden zurückgegriffen werden. In diesem Sinne wurde in der vorliegenden Untersuchung Arbeitslosigkeit bisher als ein quantitatives Problem der Verteilungsgerechtigkeit betrachtet. Es wurde die Frage diskutiert und zuletzt auch beantwortet, ob es gerecht ist, dass einige teilhaben am gesellschaftlichen System der Produktion und andere ausgeschlossen sind. Will man den Rechtsanspruch einlösen, taucht aber auch ein qualitatives Verteilungsproblem auf: Wie muss diese Teilhabe am Produktionsprozess aussehen, bzw. wer bekommt welche Arbeit?

Steinvorth liefert auch eine Antwort auf diese Frage, die allerdings bisher noch nicht bewertet wurde. Er schlägt die Errichtung eines zweiten Arbeitsmarktes vor. In Konkurrenz zu diesem Vorschlag stehen beispielsweise diejenigen von Pfannkuche und Schlothfeldt wie auch die gegenwärtig öffentlich viel diskutierten Maßnahmen der Hartz-Kommission. Die Vielzahl der Vorschläge wirft das Problem auf, ob alle für die Umsetzung eines Rechts auf Arbeit gleichermaßen geeignet sind oder aber ob die gerechte Verteilung von Arbeitsplätzen festlegbaren Bedingungen genügen muss.

Bei Fragen der gerechten Verteilung wird zur Illustration manchmal als Vergleich die Aufteilung eines Kuchens angeführt, an dessen Herstellung die Anwärter in gleichem oder je nach Zweck der Illustration auch unterschiedlichem Maße beteiligt waren. Mit diesem Vergleich soll hier nicht für eine Variante der Zuteilungsgerechtigkeit geworben werden, nach der eine Verteilung gerecht ist, wenn jeder das Seine erhält. Mit diesem Beispiel lässt sich einfach die folgende Fragestellung noch einmal verdeutlichen: Wendet man den Kuchen-Vergleich auf das Problem der Arbeitslosigkeit an, kann man sagen, dass in dieser Arbeit bisher begründet wurde, dass alle Anspruch auf ein Stück des Kuchens haben, aber nicht, welche Größe und Beschaffenheit das Stück haben muss: Reicht ein Kantenstück oder muss es ein Mittelstück sein? Und nach welchen Kriterien soll entschieden werden, wer die begehrten, aber nur in begrenztem Umfang vorhandenen Mittelstücke erhält?

Eine gerechte Verteilung kann aber erst vorgenommen werden, wenn auch diese Fragen beantwortet sind. Eine ausführliche Antwort auf diese Fragen kann nicht mehr gegeben werden, da dies den Rahmen dieser Arbeit sprengen würde. Im folgenden Kapitel soll aber das Feld offener Fragen und möglicher Antworten zumindest skizziert werden.

III. Die Umsetzung eines Rechts auf Arbeit

III.1. Der Abbau der Arbeitslosigkeit als qualitatives Verteilungsproblem

Die Umsetzung eines Rechts auf Arbeit besteht letztlich in einem vollständigen Abbau der Arbeitslosigkeit. Die Meinungen darüber, wie der Arbeitslosigkeit am besten beizukommen ist, gehen auseinander. Zwischen den Polen der angebots- und der nachfrageorientierten Beschäftigungspolitik liegen unterschiedlichste Forderungen an den Staat, von der bloßen Schaffung optimaler Rahmenbedingungen für die Unternehmen bis hin zur Errichtung eines *zweiten Arbeitsmarktes*. Im folgenden sollen grundsätzlich zwei Strategien zur Bekämpfung der Arbeitslosigkeit unterschieden werden: 1. Abbau der Arbeitslosigkeit durch Vermehrung der Arbeitsplätze und 2. Abbau der Arbeitslosigkeit durch Umverteilung der Erwerbsarbeit

Unter diese zwei Strategien fallen jeweils sehr unterschiedliche Maßnahmen. Der Strategie *Vermehrung der Arbeitsplätze* sollen hier zwei Vorschläge zugeordnet und im Verlauf des Kapitels bewertet werden: Zum einen Steinvorths Vorschlag eines öffentlich finanzierten zweiten Arbeitsmarktes und zum anderen die öffentlich viel diskutierten Vorschläge der sogenannten Hartz-Kommission.

Steinvorths Vorschlag ist bereits dargestellt worden. Die Vorschläge der Hartz-Kommission umfassen eine Reihe von Maßnahmen zum Abbau der Arbeitslosigkeit, die hier aber nicht alle diskutiert werden können. Zwei Maßnahmen, um deren Umsetzung sich eine besonders heftige Diskussion im deutschen Bundestag und den Medien entwickelt hat, sollen hier bewertet werden: Zum einen der Vorschlag, die Zeit- oder Leiharbeit auszuweiten. Die Idee dieses Vorschlages ist es, Beschäftigungspotenziale in Unternehmen zu nutzen, die kurzfristig in Zeiten einer guten Auftragslage mehr Arbeitskräfte brauchen, aber davor zurückschrecken, neue Mitarbeiter fest anzustellen. Es ist ein Streit darüber entbrannt, wie diese Zeitarbeitskräfte zu entlohnen sind, ob sie das gleiche Gehalt wie die festangestellten Mitarbeiter oder ein geringeres erhalten sollen. Von gewerkschaftlicher Seite wird die Forderung nach gleichem Lohn für gleiche Arbeit erhoben.

Zum anderen soll der Vorschlag diskutiert werden, ungenutzte Beschäftigungstätigkeiten in privaten Haushalten zu nutzen, also den Bereich der Niedrig-Lohn-Jobs auszubauen.

Unter der Kategorie *Umverteilung der Erwerbsarbeit* sollen die Vorschläge von Schlothfeldt und Pfannkuche diskutiert werden. Pfannkuche schlägt das „marktnahe Modell der Arbeitsumverteilung“ vor, nach dem die vorhandenen Arbeitsplätze unter den Arbeitswilligen durch Senkung der Arbeitszeit aufgeteilt werden.[141] Auch Schlothfeldt hält Arbeitszeitverkürzung für ein geeignetes Mittel zur Senkung der Arbeitslosigkeit. Zusätzlich fordert er aber auch eine bevorzugte Einstellung von schwer vermittelbaren Dauerarbeitslosen, also Quoten für Arbeitslose und eine Rotation bei der Besetzung von Stellen.[142]

Die beiden unterschiedlichen Strategien zeigen jeweils verschiedene moralische Probleme auf. Die Strategie der Vermehrung der Arbeit wirft vor allen Dingen die Frage auf, was für eine Arbeit vermehrt werden soll, also die Frage nach Qualitätsbedingungen von Arbeit: Gibt es gewisse Qualitätsbedingungen, die ein Arbeitsplatz erfüllen muss, damit man ihn als Mittel zur Einlösung eines Rechts auf Arbeit anerkennen kann?

Dieses Problem entsteht, da es in einer arbeitsteiligen Gesellschaft viele verschiedene Erwerbstätigkeiten gibt, die in verschiedenen Hinsichten von unterschiedlicher Qualität sind: z.B. hinsichtlich der Entlohnung, des gesellschaftlichen Ansehens, persönlicher Vorlieben und der Möglichkeit zur Selbstverwirklichung, der Gesundheitsbelastung, der Vereinbarkeit mit dem Privatleben durch Nähe zum Wohnort, Arbeitszeiten, Urlaubsgestaltung etc.

Es wird die These vertreten, dass es eine Forderung der Gerechtigkeit ist, dass Arbeit bestimmten Qualitätsbedingungen genügen muss, die auch bei den Maßnahmen zum Abbau der Arbeitslosigkeit berücksichtigt werden müssen. Im folgenden soll die Frage nach der Qualität von Arbeit an Hand eines Qualitätsmerkmals diskutiert werden: dem Lohn. Es soll gefragt werden, ob die Forderungen nach Mindestlohn und nach *gleichem Lohn für gleiche Arbeit* als Forderungen der Gerechtigkeit angesehen werden können. Eine Bestimmung weiterer Qualitätsmerkmale von Arbeit kann im Rahmen dieser Arbeit nicht geleistet werden.

Die Strategie der Umverteilung der Erwerbsarbeit wirft vor allen Dingen das Problem auf, wie eine gerechte Verteilung von Arbeit erreicht wird: Ist der freie Markt ein geeignetes Mittel oder sind auch staatliche Eingriffe bei der Besetzung von Stellen in Unternehmen legitim oder sogar zu fordern? Diese Frage soll an Hand der von Schlothfeldt geforderten Quoten für Ar-

---

[141] Pfannkuche, Gibt es ein Recht auf Arbeit ? S. 105.
[142] Schlothfeldt, Erwerbsarbeitslosigkeit als sozialethisches Problem, S. 170ff.

beitslose diskutiert werden. Es soll die Frage beantwortet werden, ob Quoten gerecht sind. Dabei wird vorausgesetzt, dass die Qualifikation eines Bewerbers bei der Stellenvergabe eine Rolle spielen darf und muss. Dies wirft das Problem auf, ob der Staat verpflichtet ist, für eine angemessene Bildung zu sorgen, die erst die Möglichkeit eröffnet, eine qualifizierte Arbeit antreten zu können. Auch die Frage nach einem Recht auf Bildung stellt sich also im Zusammenhang mit der Frage nach einer angemessenen Umsetzung eines Rechts auf Arbeit. Sie kann hier aber nicht weiter vertieft werden.[143] Es wird einfach unterstellt, dass einem Arbeitslosen, der für keine Arbeit qualifiziert genug erscheint, ein Recht auf Weiterbildung zusteht bzw. dass es ein Recht auf Bildung gibt und daher ein solcher Umstand gar nicht eintreten dürfte. Die Frage, welche Rechte Personen zukommen, die gar nicht in der Lage sind zu arbeiten, die also selbstversorgungsunfähig sind, soll im Rahmen dieser Arbeit nicht behandelt werden.

In diesem Abschnitt wurden einige der Probleme aufgeführt, die die Umsetzung eines Rechts auf Arbeit aufwirft. Mit den Antworten auf diese Fragen soll eine Bewertung zumindest einiger Vorschläge zum Abbau der Arbeitslosigkeit vorgenommen werden. Die angeführten Probleme lassen sich in der Frage zusammenfassen: Wer bekommt welche Arbeit? Sie soll in nächsten Abschnitt diskutiert werden.

III.2. Wer bekommt welche Arbeit?

Die Beantwortung dieser Frage soll in zwei Schritten erfolgen. Zunächst soll auf die Frage: *Welche Arbeit?*, also auf die Frage nach der Qualität von Arbeit geantwortet werden. Unter der Überschrift *Wer?* soll es um das Problem einer gerechten Verteilung der Arbeit gehen. Anschließend sollen dann die unterschiedlichen Maßnahmen zum Abbau der Arbeitslosigkeit bewertet werden.

Welche Arbeit? Die These, dass es Qualitätsstandard gibt, denen eine Arbeitsstelle genügen muss, soll an Hand der Kategorie *Lohn* begründet werden. Es wird dafür argumentiert, dass es einen Mindestlohn geben und dass der gleiche Lohn für die gleiche Arbeit gezahlt werden muss. Drei Argumente sollen zur Begründung angeführt werden:

[143] Vgl. z.B.: Steinvorth, Gleiche Freiheit, S. 220ff.

Erstens kann auf Steinvorths Argumentation zurückgegriffen werden, nach der der Verdienst auf dem zweiten Arbeitsmarkt in etwa dem einer vergleichbaren Tätigkeiten im ersten Sektor entsprechen soll. Dies begründet er damit, dass der Arbeitslose Anspruch auf die Höhe des Einkommens hat, das er erwirtschaften würde, wenn er seinen Anteil am Gemeineigentum bearbeiten könnte. Zu diesem Anteil zählt aber nicht nur ein Stück unbearbeitete Natur, also ein Acker, den der Arbeitslose bestellen darf, sondern bei der Bemessung der Höhe des Einkommens muss von der Produktivkraft ausgegangen werden, „[...] die jedes Individuum seiner Generation und seines Landes als eine Eigenschaft der überlieferten und kultivierten menschlichen Natur vorfindet. Denn auch diese gehört zum Gemeineigentum, von dem Arbeitslosigkeit ausschließt. Wir können nun erstens voraussetzen, dass ein Arbeitsloser dieser Produktivkraft gemäß seinen Anteil am Gemeineigentum bearbeiten würde, wenn er nur Zugang zu ihm hätte, und zweitens, dass seine Arbeitslosigkeit anzeigt, dass er nicht mehr verdienen könnte, als ein Erwerbstätiger mit vergleichbarem Ausbildungs- und Erfahrungsstand im produktiven Sektor verdient.“[144] Aus diesem Argument lässt sich zum einen die Forderung nach einem Mindestlohn ableiten, der sich daran bemisst, welche Produktivkraft ein Individuum in seiner Generation und seinem Land vorfindet. In Gesellschaften mit einer hohen Produktivkraft, wie den heutigen westlichen Gesellschaften, muss ein solcher Mindestlohn sicherlich ein wenig über der Absicherung der bloßen Existenz liegen. Außerdem gilt für die besser Qualifizierten, dass ein Arbeitsloser in einer neuen Arbeit gemäß seiner Qualifikation verdienen muss.

Das zweite Argument ist eng angelehnt an die Argumentation der Eigentumsauffassung, betont aber die moralischen Pflichten, die aus dem Umstand der Arbeitsteilung folgen. Es wird argumentiert, dass in einer Gesellschaft, die auf ein arbeitsteiliges System der Produktion zurückgreift, in der dem Einzelnen der freie Zugriff auf die Naturgüter verwehrt ist und zugleich einige wenige Menschen große Mengen an Naturgütern verbrauchen, die Arbeitsteilung zum wechselseitigem Vorteil aller Mitglieder der Gesellschaft sein muss. Die These kann damit begründet werden, dass eigentlich alle ein Recht auf den Zugang und Verbrauch der Naturgüter haben. Rückt man von diesem ursprünglichen Rechtszustand ab mit dem Ziel, die Produktivität zu steigern, und führt dafür ein arbeitsteiliges System der Produktion ein, das eben auch beinhaltet, dass Naturgüter nicht mehr allen frei zugäng-

[144] Steinvorth, Gleiche Freiheit, S. 229/230.

lich sind, dann muss dieses arbeitsteilige System zum wechselseitigen Vorteil aller sein. Die Forderung nach einem wechselseitigen Vorteil bedeutet in ihrer anspruchslosesten Variante zumindest, dass niemand schlechter dastehen darf als zuvor. Aus dieser Forderung folgt nun erstens, dass alle die Möglichkeit bekommen müssen, etwas zu erwirtschaften, also ein Recht auf Arbeit, da diese Möglichkeit nämlich auch vor Einführung des arbeitsteiligen Produktionssystems gegeben war. Zweitens folgt, dass jeder mit der Arbeitsteilung zumindest etwas mehr erwirtschaften können muss als ohne.

Illustriert werden kann dieses Argument durch einen Vergleich mit der Situation einer Gruppe von Schiffsbrüchigen auf einer unbewohnten Insel. Nach der hier vertretenen Eigentumsauffassung haben alle vier Schiffsbrüchigen den gleichen Anspruch auf die natürlichen Ressourcen dieser Insel. Angenommen auf dieser Insel gibt es eine Süßwasserquelle, ein paar Bäume mit Kokosnüssen und ein paar Ziegen, durch die der Nahrungsbedarf der Gestrandeten gedeckt werden kann. Jeder der Gestrandeten hat ein gleiches Recht darauf, durch diese Güter seinen Lebensunterhalt zu sichern. Allerdings ist es sehr mühevoll für die Gestrandeten, täglich Wasser aus den Bergen zu holen, Kokosnüsse am Strand zu pflücken und ab und zu eine Ziege zu fangen. Daher beschließt der Schiffsbrüchige A, die Quelle aus den Bergen zu den Schlafplätzen am Strand umzuleiten. Für diese Mühe, die er sich gemacht hat, verlangt er nun von jedem, der Wasser aus der Quelle nutzen will, eine Gegenleistung. Der Schiffsbrüchige B erklärt sich damit einverstanden, da er mittlerweile alle Ziegen der Insel eingefangen hat und gerne bereit ist als Tausch gegen Wasser für sich und seine Ziegen etwas Ziegenfleisch an A herzugeben. Auch der Schiffsbrüchige C ist einverstanden mit dieser Regelung, da er eine Technik entwickelt hat, die es erlaubt, sehr schnell und einfach die reifen Kokosnüsse zu pflücken und er nun über mehr Kokosnüsse verfügt, als er allein essen und so diese gut als Tauschmittel verwenden kann. Nur der Schiffsbrüchige D hat sich nicht rechtzeitig eine der Ressourcen gesichert. Er verfügt also weder über Tauschmittel noch sind die natürlichen Ressourcen länger frei zugänglich. Für A, B und C ist diese Verteilung der Ressourcen von Vorteil, sie erwirtschaften nun mehr mit weniger Anstrengung. Welche Rechte hat aber D? D hat das Recht, in das arbeitsteilige System integriert zu werden, da er ein Recht auf die Mitverfügung über die natürlichen Ressourcen hat. Vielleicht kann er nicht verlangen, genauso viel wie A, B oder C zu erwirtschaften, die sich als besonders geschickt bei ihrer Arbeit erwiesen haben, aber er kann verlangen, dass auch er einen Vorteil aus dem arbeitsteiligen System der Produktion erzielt, also zumindest so viel und noch ein wenig mehr erwirtschaftet, wie er erwirtschaftet hat, als die Ressourcen noch nicht in Privatbesitz und frei zugänglich waren. Man kann also sagen, dass D ein Recht auf einen Mindestlohn hat. A, B und C haben nicht das Recht, seine Notsituation, die nur daher rührt, dass ihm der Zugang zum Gemeineigentum versperrt ist, auszunutzen und ihn unter diesem Mindestlohn einen Arbeitsplatz anzubieten. Außerdem hat D ein Recht darauf, gemäß seiner Qualifikation bezahlt zu werden. Angenommen D hat, genau wie B, vor dem Schiffsunglück als Ziegenhirte gearbeitet und die gleiche Erfahrung und Kompetenz im Umgang mit Ziegen wie B. Nun hat aber bereits B die Arbeit als Ziegenhirte übernommen. Aus der Annahme, dass die Arbeitsteilung zum wechselseitigen Vorteil aller sein muss und der Tatsache, dass D gemäß seiner Qualifikation genauso gut verdienen könnte wie B, wenn er nur die Gelegenheit hätte, folgt, dass er eine vergleichbar entlohnte Tätigkeit erhalten muss. Oder auch andersherum gewendet: Wenn zwei Personen dieselbe Tätigkeit ausüben (gleich gut) und somit die gleiche Kompetenz unter Beweis stellen, dann müssen sie auch gleich entlohnt werden.

Man könnte nun hierauf einwenden, dass aus dem Recht von D auf die Mitverfügung über die natürlichen Ressourcen nicht zwangläufig ein Recht auf Arbeit folgt, sondern es doch ausreicht, wenn A, B und C jeweils ein paar Kokosnüsse, ein paar Ziegen und etwas Wasser für D übrig ließen. Diesem Einwand kann ruhig zugestimmt werden. In der Situation der Schiffsbrüchigen A, B, C und D mag dies eine gerechte Lösung sein. In den heute existierenden Gesellschaften aber sicherlich nicht, da sie sich in einer wesentlichen Hinsicht von der ersten Generation der Schiffsbrüchigen auf einer bisher unberührten Insel unterscheiden. Wie auch Steinvorth betont, liegen die meisten Naturgüter, die heute der Produktion dienen, nicht mehr in reiner, sondern in kultivierter Form vor, da in sie die Arbeit von Generationen eingeflossen ist. Auf einen Teil dieser kultivierte Natur mitsamt dem Wissen einer Gesellschaft zur Erhaltung und Weiterentwicklung dieser kultivierten Natur hat jedes Gesellschaftsmitglied einen Anspruch. Dieser Anspruch kann aber nur durch Teilhabe am gesellschaftlichen System der Produktion eingelöst werden und nicht, indem man den heutigen Arbeitslosen ein paar Äcker und Schafsherden zur Verfügung stellt. Denn damit überließe man ihnen zwar einen Anteil an den natürlichen Ressourcen, brächte sie aber um ihren Anteil am Gemeineigentum an den Kulturleistungen einer Gesellschaft.

Mit der Beschreibung der Situation Schiffbrüchiger sollte dafür argumentiert werden, dass ein arbeitsteiliges System der Produktion zum wechselseitigem Vorteil aller sein muss. Aus der Forderung nach einem wechselseitigem Vorteil aller lassen sich die Forderungen nach einem Mindestlohn und nach dem gleichen Lohn für die gleiche Arbeit ableiten.

Drittens kann argumentiert werden, dass extrem niedriger Lohn und ungleicher Lohn für gleiche Arbeit überhaupt nur möglich sind, weil das Unrecht der Arbeitslosigkeit besteht. Arbeitslosigkeit führt dazu, dass die Arbeitslosen über keine Tauschkraft verfügen, sondern jede gebotene Arbeit annehmen müssen. Extrem niedriger Lohn und ungleicher Lohn sind Folgen der ungerechten Arbeitslosigkeit. Die Umsetzung eines Rechts auf Arbeit muss die Arbeitslosigkeit und deren Folgen beseitigen und somit auch die Tauschkraft des Arbeitslosen erhöhen. Eine Maßnahme zum Abbau der Arbeitslosigkeit, die die mangelnde Tauschkraft der Arbeitslosen ausnutzt und Arbeitslose in ungerechte Lohnverhältnisse zwingt, ist selbst ungerecht und stellt keine angemessene Umsetzung eines Rechts auf Arbeit dar.

Wer? Die Frage, wer eine Stelle erhält, oder wie eine gerechte Verteilung von Arbeitsplätzen aussieht, soll an Hand des Problems diskutiert werden, ob der Staat Vorgaben bei der Besetzung von Stellen in Unternehmen machen darf, ob also Quoten legitim sind. Unter *Quotierung* kann man ganz allgemein eine Maßnahme verstehen, nach der bei der Stellenvergabe eine bestimmte Personengruppe bevorzugt eingestellt wird. Hier soll konkret der Fall diskutiert werden, dass es sich bei der Quote um staatliche Vorgaben an private Unternehmen für eine bevorzugte Einstellung von Arbeitslosen handelt. Die Frage, ob Quoten gerecht sind, wird meist in Hinblick auf eine bevorzugte Einstellung von Frauen, oder im US-amerikanischen Kontext auch bezogen auf Afroamerikaner diskutiert.[145] Zumindest die Gegenargumente aus dieser Diskussion betreffen gleichermaßen die Quoten für Arbeitslose. Hauptsächlich werden zwei Einwände gegen Quoten erhoben:

Zum einen wird argumentiert, dass Quoten die Rechte derjenigen verletzen, die nicht zu dem bevorzugten Personenkreis gehören, und durch die Quote eine Stelle nicht erhalten, die sie ohne eine solche bevorzugende Maßnahme erhalten hätten. Auf den hier diskutierten Fall angewandt lautet der Einwand: Quoten für Arbeitlose benachteiligen gefragte Arbeitnehmer. Zum anderen werden staatliche Eingriffe in die Einstellungsentscheidungen der Unternehmen mit dem Hinweis auf die Eigentumsrechte der Unterneh-

---

[145] Vgl. zu dieser Thematik z.B.: Rössler (Hg.), Quotierung und Gerechtigkeit.

mer abgelehnt. Judith Jarvis Thomson beispielsweise gesteht den Unternehmern volle Entscheidungsfreiheit bei der Stellenvergabe zu. Allerdings legitimiert sie eine freiwillig eingeführte Quote in Unternehmen gegen den Einwand der Ungleichbehandlung gerade mit dem Argument, Unternehmer können einstellen, wen sie wollen, da die Arbeitsstelle den Unternehmern gehöre. „For it seems to me that – other things beeing equal – there is no problem about preferential hiring in the case of a wholly private college or university, that is, one which receives no measure of public support at all, and which lives simply on tuition and (non-tax-deductible) contributions."[146] Unternehmer dürfen auch völlig irrational oder töricht bei der Stellenvergabe vorgehen. „On the other hand, it's *our* club, and so *our* jobs. And who shall say it is not within a man's right to dispose of what really is his in as foolish a way as he likes?"[147] Nach Thomson hat niemand das Recht auf eine bestimmte Stelle, so dass auch eine Stellenvergabe, die von rassistischen Vorurteilen geleitet ist, legitim ist. „[W]ould a private employer's choosing a white (or black) rather than a black (or white) on ground of that difference alone be a violation of anyone's rights if there were no law making it illegal? And the answer seems to me to be: it would not."[148] Da hier aber nicht freiwillig eingeführte Quoten der Unternehmen, sondern staatliche Vorgabe für die Unternehmen zur Diskussion stehen, wird Thomsons Argument für Quoten zu einem Gegenargument: Unternehmer dürfen einstellen, wen sie wollen, daher darf es keine staatlichen Vorgaben für die Stellenbesetzung geben.

Diesen beiden Einwänden gegen Quoten sollen die folgenden Thesen entgegengestellt werden:

Erstens: Die Umsetzung eines Rechts auf Arbeit bedeutet immer einen Eingriff in vermeintliche Rechte, der aber als Kompensationsleistung für die Verletzung der Eigentumsrechte der Arbeitslosen gerechtfertigt werden kann. Entweder schafft der Staat selbst Arbeitsplätze, für deren Finanzierung er aber auch Zugriff auf Eigentum in Form von Steuern nehmen muss, oder er zwingt die private Wirtschaft Arbeitslose zu integrieren. Da ein Recht auf Arbeit eine Forderung der Gerechtigkeit ist, ist es die Aufgabe des Staates, dieses Recht umzusetzen. Warum ein Eingriff in die freie Aushandlung von Arbeitsverträgen einen schwerer wiegenden Eingriff in Eigentums-

[146] Thomson, Preferential Hiring, S. 139/40

[147] Ebd, S. 142.

[148] Ebd. S. 144.

rechte darstellen sollte als die Steuererhebung, ist ohne weitere Argumente nicht einleuchtend. Nun könnte man hierauf vielleicht erwidern, dass die betroffenen Unternehmer und Arbeitnehmer dem Arbeitslosen selbst kein Unrecht angetan haben. Dies trifft auf die Steuerzahler aber genauso zu. Und auch wenn dem einzelnen Unternehmer oder Steuerzahler keine unrechte Tat zugerechnet werden kann, sind diese doch Nutznießer eines Systems, das Unrecht hervorbringt. Es ist bereits argumentiert worden, dass ein arbeitsteiliges System der Produktion zum wechselseitigen Vorteil aller sein muss, oder andersherum gewendet, dass die Lasten eines solchen Systems von allen getragen werden müssen.

Zweitens kann daher die These vertreten werden, dass, wenn sich eine Gesellschaft für ein System der Produktion entscheidet, das Unrecht hervorbringt, sich alle an den Kosten der Kompensation oder auch Verhinderung dieses Unrechts beteiligen müssen. Diese Beteiligung kann sowohl in Form von Steuern, als auch durch staatliche Eingriffe bei der Stellenbesetzung eingefordert werden.

Drittens soll der These von Thomson widersprochen werden, dass Unternehmer über ihre Arbeitsstellen nach Belieben verfügen können. Es wird stattdessen die These vertreten, dass eine Sozialbindung des Eigentums besteht, die sich damit begründet, dass ein arbeitsteiliges Produktionssystem zum wechselseitigen Vorteil aller gestaltet sein muss. *Sozialbindung* des Eigentums soll hier einfach bedeuten, dass das Recht der Unternehmer über Belange in ihrem Betrieb, wie die Stellenvergabe, frei zu entscheiden, eingeschränkt werden kann, wenn damit ein wechselseitigen Vorteil aller sichergestellt werden soll. Denn der Zugang zum Gemeineigentum, auf das alle Anspruch haben, ist heute über Arbeitsplätze vermittelt. Genauso wenig aber, wie einem der Schiffsbrüchigen auf der Insel von den anderen der Zugriff auf die natürlichen Ressourcen wegen Vorurteile verwehrt werden darf, darf dies bei der Vergabe von Arbeitsplätzen geschehen. Der Unternehmer, auch wenn sich dies in der Realität sicher nur schwer feststellen und vermeiden lässt, hat nicht das Recht, sich bei der Einstellung von rassistischen Vorurteilen leiten zu lassen. Wenn sich herausstellte, dass auf Grund von Vorurteilen Mitglieder einer bestimmte Bevölkerungsgruppe trotz Qualifikation überproportional häufig arbeitslos sind, dann sollte eine Quote für diese Gruppe eingeführt werden. Im Fall der Diskriminierung sollte diese Maßnahme neben der Errichtung eines zweiten Arbeitsmarktes bestehen, da ansonsten die Gefahr besteht, dass diskriminierte Gruppen in den zweiten Arbeitsmarkt abgedrängt werden.

Zusammenfassend kann festgehalten werden, dass die Forderungen nach einem Mindestlohn, nach dem gleichen Lohn für die gleiche Arbeit und nach Quoten als Forderungen der Gerechtigkeit gerechtfertigt werden können. Ansatzweise ist somit eine Antwort auf die Frage - wer bekommt welche Arbeit? - gegeben worden.

Mit Hilfe dieser (begrenzten) Ergebnisse können aber dennoch die vorgestellten Maßnahmen zum Abbau der Arbeitslosigkeit bewertet werden: Steinvorths Vorschlag eines zweiten Arbeitsmarktes genügt den hier angeführten Lohnbedingungen. Als weitere Maßnahme sollte jedoch auch die von Schlothfeldt in die Diskussion gebrachten Quoten für Arbeitslose Berücksichtigung finden, da durch sie vermieden werden kann, dass diskriminierte Gruppen in den zweiten Arbeitsmarkt abgedrängt werden. Die Vorschläge der Hartz-Kommission genügen den hier gerechtfertigten Forderungen nicht. Es ist ungerecht, wenn Leiharbeiter schlechter als ihre fest Angestellten Kollegen bezahlt werden, wie es die ursprünglichen Pläne der Hartz-Kommission vorsehen. Auch Mindestlohn ist eine Forderung der Gerechtigkeit, die bei der Umsetzung eines Rechts auf Arbeit beachtet werden muss. Das Recht auf Arbeit kann somit nicht durch einen Arbeitsplatz eingelöst werden, mit dem der Arbeitslose noch nicht einmal eigenständig seinen Lebensunterhalt verdienen kann. Der Ausbau von Niedrig-Lohn-Jobs im Bereich privater Haushalte stellt somit keine gerechte Umsetzung eines Rechts auf Arbeit dar.

III.3. Ergebnis: Die Umsetzung eines Menschenrechts auf Arbeit als Aufgabe der Nationalstaaten

Ein Recht auf Arbeit, mit anderen Worten ein Recht auf Teilnahme am gesellschaftlichen System der Produktion, ist begründet, da nur durch ein solches der angemessene Zugang zum Gemeineigentum sichergestellt werden kann. Die Maßnahmen zur Umsetzung eines Rechts auf Arbeit müssen zumindest den folgenden Bedingungen genügen: Der Rechtsanspruch kann nur durch eine Arbeit eingelöst werden, deren Lohn zumindest zur Selbstversorgung ausreicht bzw. dem üblichen Lohn einer vergleichbaren Tätigkeit entspricht. Vorurteile dürfen bei der Stellenvergabe keine Rolle spielen. Diese Bedingungen können aus den beiden Annahmen abgeleitet werden, dass erstens die gesellschaftliche Arbeitsteilung zum wechselseitigen Vorteil aller gestaltet sein muss und dass zweitens das Gemeineigentum nicht nur die unbearbeitete Natur, sondern auch die kultivierte Natur, die Kultur einer Gesellschaft und somit das Wissen, diese kultivierte Natur zu erhalten und zu verbessern, umfasst.

In diesen beiden Prämissen wird auf *Gesellschaft* Bezug genommen. Es wird unterstellt, dass die arbeitsteilige Produktion innerhalb einer Gesellschaft stattfindet und dass Gesellschaftsmitglieder Miteigentümer am Gemeineigentum einer Gesellschaft sind. Im folgenden soll erörtert werden, inwiefern dieser Bezug auf Gesellschaften berechtigt ist und welche Konsequenzen dies für die Beantwortung der bisher unbeantworteten Frage hat, wer der Adressat eines Rechts auf Arbeit ist.

Wie in Kapitel I.1. bereits angemerkt, stellt sich diese Frage, da hier einer Rechtstheorie gefolgt wird, nach der Menschenrechte einen unterschiedlichen Geltungsumfang haben können, d.h., dass der Kreis der Adressaten, den sie jeweils verpflichten, unterschiedlich groß sein kann. Während das Recht auf körperliche Unversehrtheit alle Menschen weltweit zur Einhaltung verpflichtet, ist dies bei den Staatbürgerrechten nicht der Fall. Der Adressat der Staatsbürgerrechte ist der jeweilige Nationalstaat. Dennoch sind auch die Staatbürgerrechte universell, da sie allen Menschen weltweit zukommen und in jedem Staat positiviert werden sollten. Auch das Recht auf Arbeit beansprucht Universalität, da es den Zugang zum Gemeineigentum sichert, auf das alle Menschen weltweit Anspruch haben. Träger eines Rechts auf Arbeit sind also alle Menschen weltweit, wer ist aber der Adressat dieses Rechts?

Ebenfalls in Kapitel I.1. ist gegen die Kritiker sozialer Rechte argumentiert worden, dass der Geltungsumfang sozialer Rechte nicht eingeschränkt werden kann mit dem Argument, dass sie dem Adressaten zuviel abverlangen. Ein Recht auf Arbeit stellt keine freiwillige Hilfeleistung dar. Deshalb kann die Umsetzung eines Rechts auf Arbeit auch nicht einfach mit dem Hinweis auf die hohen Kosten, die durch sie entstehen, verweigert oder auf Staatbürger eingeschränkt werden. Welchen Grund könnte es dennoch geben, als Adressat eines Rechts auf Arbeit nicht alle Menschen und Staaten weltweit, sondern jeweils den Nationalstaat anzusehen? Zwei Argumente sollen hierfür angeführt werden:

Erstens kann festgestellt werden, dass es zumindest gegenwärtig keine überstaatliche Autorität gibt, die die Macht und Befugnis hätte, ein Recht auf Arbeit weltweit durchzusetzen. Es gibt keinen Weltstaat, der weltweit Maßnahmen zum Abbau der Arbeitslosigkeit einführen könnte.

Zweitens kann mit Steinvorth argumentiert werden, dass ein partikularer Staat besser als ein Weltstaat dazu in der Lage ist, das „kollektive Privateigentum“ einer Gesellschaft an den gemischten Ressourcen zu bewahren. „Eine regionale politische Institution wird die Rechte der durch eine Kultur verbundenen Bewohner einer Region besser durchsetzen können als eine globale Institution. Denn sie kann deren Vorrecht in der Ausbeutung und Erhaltung der gemischten Ressourcen einer Region besser Rechnung tragen als ein Weltstaat.“[149] Gemischte Ressourcen sind nach Steinvorth nicht nur Gemeineigentum der Menschheit, sondern auch zugleich kollektives Privateigentum einer Gesellschaft, die die ursprünglich natürlichen Ressourcen ihres Landes in gemischte Ressourcen verwandelt habe. „Die Kultur gehört wie die äußeren Naturgüter zum Menschheitserbe. Aber sie ist wie die gemischten materialen Ressourcen kein Gemeineigentum der Menschheit, sondern eine *gemischte* Ressource, weil in sie nicht nur die ursprünglich menschliche Natur eingegangen ist, sondern die bestimmte Arbeit und Erfindung nicht der Menschheit insgesamt, sondern bestimmter Gruppen, die eine der Kulturen tragen, in welche die Menschheit zerfällt.“[150]

Die Aufgabe eines partikularen Staates ist es also, das kollektive Privateigentum der Bürger zu schützen. „Die Bürger eines regionalen oder partikularen Staats könnten sich für den Gebrauch ihres Territoriums und für ihr Zusammenleben gemäß ihrer Tradition, ihrer Kultur und Zukunftsvorstellung selbst Gesetze geben, soweit sie nicht den Rahmen der universalen Idee der gleichen Freiheit sprengen.“[151] Die Umsetzung eines Rechts auf Arbeit fällt somit in den Aufgabenbereich der einzelnen Nationalstaaten. Dennoch sind sicherlich auch internationale Organisationen notwendig, die gemeinsam die natürlichen und auch gemischten Ressourcen der Erde schützen, ohne die eine Produktion von Gütern gar nicht möglich wäre. Außerdem ist zu verlangen, dass die reichen Staaten, sofern ihr Reichtum auf einer unrechten Aneignung oder Überaneignung der natürlichen Ressourcen beruht, ärmeren Staaten bei der Umsetzung eines solchen Rechts finanzielle Hilfe leisten.[152] Welche spezifischen Maßnahmen zur Umsetzung eines Rechts auf Arbeit ergriffen werden, lässt sich aber nicht allgemeingültig

---

[149] Steinvorth, Gleiche Freiheit, S. 207.

[150] Ebd., S. 204.

[151] Ebd., S. 207.

[152] Wie, warum und in welcher Höhe solche Kompensationsleistungen zwischen Staaten zu leisten sind, sind Fragen der internationalen Verteilungsgerechtigkeit, die hier nicht weiter ausgeführt werden können.

festlegen, sondern wird von der Tradition und der Art der Produktion, also den Produktionsmitteln einer Kultur, abhängen. Beispielsweise lässt sich zwar fordern, dass ein Mindestlohn gezahlt werden muss, welche Höhe dieser Mindestlohn hat, wird aber von der Produktivkraft der jeweiligen Gesellschaft abhängen.[153]

Den Ausgangspunkt der vorliegenden Arbeit bildete eine Debatte im deutschen Bundestag über die Aufnahme eines Rechts auf Arbeit in die Verfassung. Die Kritiker wiesen ein solches Recht mit den Argumenten zurück, dass der Staat für die Durchsetzung des Rechts und nicht der Förderung des Glücks zuständig sei und Hilfeleistungen nicht erzwingen dürfe. Hierauf kann nun erwidert werden, dass ein Recht auf Arbeit keine Forderung der Wohltätigkeit, sondern der Gerechtigkeit ist. Dieses Ergebnis gibt zwar keine Antwort auf die Frage, wie denn nun im Detail die Umsetzung eines Rechts auf Arbeit finanziert und gestaltet werden soll, aber zumindest ist Klarheit in der moralischen Bewertung der Arbeitslosigkeit gewonnen: Die moralische Intuition, dass Arbeitslosigkeit ein Unrecht darstellt, lässt sich begründen.

---

[153] Ein Recht auf Arbeit verstanden als ein Recht auf Teilnahme am gesellschaftlichen System der Produktion lässt sich beispielsweise auch für Gesellschaften fordern, die keine Geldwirtschaft betreiben, und die somit zwar keine entlohnte Erwerbsarbeit, wohl aber Tätigkeiten, die den Lebensunterhalt sicherstellen, kennen.

Literaturverzeichnis

Alexy, Robert: Theorie der Grundrechte. Frankfurt am Main, 3. Aufl. 1996 (1. Aufl. 1985).

Beck, Ulrich: Wohin führt der Weg, der mit dem Ende der Vollbeschäftigungsgesellschaft beginnt? in: Die Zukunft von Arbeit und Demokratie, hrsg. v. Ulrich Beck. Frankfurt am Main 2000, S. 7-66.

Beck, Ulrich: Die Seele der Demokratie: Bezahlte Bürgerarbeit. in: Die Zukunft von Arbeit und Demokratie, hrsg. v. Ulrich Beck. Frankfurt am Main 2000, S. 416-448.

Birnbacher, Dieter: Tun und Unterlassen, Stuttgart 1995.

Dworkin, Ronald: Bürgerrechte ernstgenommen, Frankfurt am Main 1990 (englische Originalausgabe 1977 unter dem Titel: Taking Rights Seriously).

Elster, Jon: Is There (or Should There Be) a Right to Work? in: Democracy and the Welfare State, hrsg. v. Amy Gutnam. Princeton 1988, S. 53-78.

Gosepath, Stefan: Zu Begründungen sozialer Menschenrechte, in: Philosophie der Menschenrechte, hrsg. v. Stefan Gosepath und Georg Lohmann. Frankfurt am Main, 2. Aufl. 1999 (1. Aufl. 1998), S. 146-187.

Gosepath, Stefan und Lohmann, Georg: Einleitung, in: Philosophie der Menschenrechte, hrsg. v. Stefan Gosepath und Georg Lohmann. Frankfurt am Main, 2. Aufl. 1999 (1. Aufl. 1998), S. 7-28.

Gürtler, Sabine: Drei philosophische Argumente für ein Recht auf Arbeit, in: Deutsche Zeitschrift für Philosophie 48, 6, 2000, S. 867-888.

Gürtler, Sabine: Die ethische Dimension der Arbeit, in: Deutsche Zeitschrift für Philosophie 49, 5, 2001, S. 723-741.

Gürtler, Sabine: Einleitung zum Schwerpunkt: Arbeit und Gerechtigkeit, in: Deutsche Zeitschrift für Philosophie 49, 5, 2001, S. 686-688.

Kambartel, Friedrich: Arbeit und Praxis, in: Deutsche Zeitschrift für Philosophie 41, 2, 1993, S. 239-249.

Kant, Immanuel, Metaphysik der Sitten, in: Werkausgabe in 12 Bänden, hrsg. v. Wilhelm Weischedel, Bd. 8, Frankfurt am Main 1998

Kersting, Wolfgang: Theorien der sozialen Gerechtigkeit. Stuttgart/Weimar 2000.

Krebs, Angelika: Arbeit und Liebe. Die philosophischen Grundlagen sozialer Gerechtigkeit. Frankfurt am Main 2002.

Koller, Peter: Der Geltungsbereich der Menschenrechte, in: Philosophie der Menschenrechte, hrsg. v. Stefan Gosepath und Georg Lohmann. Frankfurt am Main, 2. Aufl. 1999 (1. Aufl. 1998), S. 96-123.
Koller, Peter: Soziale Gerechtigkeit, Wirtschaftsordnung und Sozialstaat, in: Politische Philosophie des Sozialstaats, hrsg. v. Wolfgang Kersting, Weilerwist 2000, S.120-148.
Marx, Karl: Die Klassenkämpfe in Frankreich 1848 bis 1850 (1850), in: Marx/Engels Ausgewählte Werke, Digitale Bibliothek Band 11, Berlin 1998.
Marx, Karl: Zur Judenfrage (1844). in: Marx/Engels Werke, Band 1, Berlin (Dietz) 1964.
Middendorf, Stefan: Recht auf Arbeit in der DDR. Von den theoretischen Grundlagen bis zu den Berufsverboten für Ausreisewillige. Berlin 2000.
Nenninger, Bernd: Das Recht auf Arbeit in Japan und Deutschland. Eine rechts- und kulturvergleichende Untersuchung. Berlin 1994
Pfannkuche, Walter: Gibt es ein Recht auf Arbeit? in: Rechtsphilosophische Hefte 5, 1996, S. 97-113.
Rifkin, Jeremy: Das Ende der Arbeit und ihre Zukunft. Frankfurt am Main 1995 (amerikanische Originalausgabe 1995 unter dem Titel: The End of Work, New York: Putnam.)
Rössler, Beate (Hg.): Quotierung und Gerechtigkeit. Eine moralphilosophische Kontroverse, Frankfurt am Main 1993.
Schlothfeldt, Stefan: Erwerbsarbeitslosigkeit als sozialethisches Problem. Freiburg 1999.
Schlothfeldt, Stefan: Ein Recht auf Beteiligung an der Erwerbsarbeit, in: Politische Philosophie des Sozialstaats, hrsg. v. Wolfgang Kersting, Weilerwist 2000, S. 372-427.
Schlothfeldt, Stephan: Braucht der Mensch Arbeit? Zur normativen Relevanz von Bedürfnissen, in: Deutsche Zeitschrift für Philosophie, 49, 5, 2001, S. 709-721.
Shue, Henry: Basic Rights. Subsistence, Affluence, and U.S. Foreign Policy, Princeton 1980.
Steinvorth, Ulrich: Staat und Legitimität. in: Praktische Philosophie: Grundorientierung angewandter Ethik. hrsg. v. Kurt Bayertz, Hamburg 1991, S. 48-88
Steinvorth, Ulrich: Menschenrechte und Sozialstaat, in: Rechtsphilosophische Hefte I, 1992, S. 9-21.

Steinvorth, Ulrich: Das Recht auf Arbeit, in: Rechtsphilosophische Hefte 5, 1996, S. 77-96.

Steinvorth, Ulrich: Gleiche Freiheit. Politische Philosophie und Verteilungsgerechtigkeit. Berlin 1999.

Steinvorth, Ulrich: Kann das Grundeinkommen die Arbeitslosigkeit abbauen, in: Analyse und Kritik 22, 2000, S. 257-268.

Stenographischer Bericht des deutschen Bundestages, 12. Wahlperiode, 238 Sitzung, zitiert nach: Maier, Gerhard: Arbeitsmarktpolitik. hrsg. v. der Bundeszentrale für politische Bildung 1996, S. 51f.

Thomson, Judith Jarvis: Preferential Hiring, in: Thomson, Judith Jarvis: Rights, Restitution, and Risk. Essays in Moral Theory, Cambridge, Massachusetts 1986. S. 135-153.

Van Parijs, Philippe: Real Freedom for All. What (if Anything) Can Justify Capitalism?, Oxford 1995.

Van Parijs, Philippe: Real Freedom, the Market, and the Family. A Reply to seven Critics, in: Analyse und Kritik 23, 1, 2001, S. 106-131.

Quellen aus dem Internet:

Allensbacher Institut für Demoskopie, Allensbacher Bericht Nr. 6/2001,
im Internet auf Seite:
www.ifd-allensbach.de/news/prd_0106.html
(Stand: November 2002)

Arbeitsmarktstatistik im Internet auf Seite:
www.arbeitsamt.de/hst/services/statistik/kurzinformation/index.html
(Stand: November 2002)

RECHTSPHILOSOPHISCHE HEFTE

Herausgegeben von Giuseppe Orsi, Kurt Seelmann, Stefan Smid und Ulrich Steinvorth

Band 1 Giuseppe Orsi/Kurt Seelmann/Stefan Smid/Ulrich Steinvorth (Hrsg.): Recht und Moral. 1992.

Band 2 Giuseppe Orsi/Kurt Seelmann/Stefan Smid/Ulrich Steinvorth (Hrsg.): Gerechtigkeit. 1993.

Band 3 Giuseppe Orsi/Kurt Seelmann/Stefan Smid/Ulrich Steinvorth (Hrsg.): Nation, Nationalstaat, Nationalismus. 1994.

Band 4 Giuseppe Orsi/Kurt Seelmann/Stefan Smid/Ulrich Steinvorth (Hrsg.): Solidarität. 1995.

Band 5 Giuseppe Orsi/Kurt Seelmann/Stefan Smid/Ulrich Steinvorth (Hrsg.): Arbeit - Arbeitslosigkeit. 1996.

Band 6 Giuseppe Orsi/Kurt Seelmann/Stefan Smid/Ulrich Steinvorth (Hrsg.): Prinzipien des Rechts. 1996.

Band 7 Giuseppe Orsi/Kurt Seelmann/Stefan Smid/Ulrich Steinvorth (Hrsg.): Internationale Gerechtigkeit. 1997.

Band 8 Giuseppe Orsi/Kurt Seelmann/Stefan Smid/Ulrich Steinvorth (Hrsg.): Medizin - Recht - Ethik. 1998.

Band 9 Giuseppe Orsi/Kurt Seelmann/Stefan Smid/Ulrich Steinvorth (Hrsg.): Recht und Kulturen. 2000.

Rechtsphilosophische Schriften

Herausgegeben von Kurt Seelmann, Stefan Smid, Ulrich Steinvorth

Band 1 Sven Krüger: Der Versuchsbeginn bei mittelbarer Täterschaft. Eine strafrechtlich-rechtsphilosophische Untersuchung. 1994.

Band 2 Ludwig Häsemeyer / Hans-Martin Pawlowski / Friedrich-Wilhelm Siburg: Rechtsprechung heute – Anspruch und Wirklichkeit –. Vorträge der 28. Reinhäuser Juristengespräche 28. – 30. Oktober 1994. 1996.

Band 3 Stefan Smid (Hrsg.): Gerechtigkeit und Rechtsstaat. Deutsche Rechtseinheit und pluralistische Verfassung. 1996.

Band 4 Andreas Müller: Das Verhältnis von rechtlicher Freiheit und sittlicher Autonomie in Kants *Metaphysik der Sitten*. 1996.

Band 5 Henrike Morgenstern: Unterlassene Hilfeleistung, Solidarität und Recht. 1997.

Band 6 Thomas M. Besch: Über John Rawls' politischen Liberalismus. Zur Rolle des Vernünftigen in Rawls' Begründung einer politischen Gerechtigkeitstheorie. 1998.

Band 7 Tilman Rückert: Der intellektuelle Verbrechensschaden bei Carl-Theodor Welcker. 1998.

Band 8 Paolo Becchi/Kurt Seelmann: Gaetano Filangieri und die europäische Aufklärung. 2000.

Band 9 Mi-Won Lim: Der Begriff der Autonomie und des Menschrechts bei Kant. Zur Möglichkeit des Menschenrechts auf sittliche Autonomie bei Kant. 2002.

Band 10 Gesine Röhrig: Arbeitslosigkeit und Gerechtigkeit. Zur Begründung eines Rechts auf Arbeit. 2003.

Mi-Won Lim

Der Begriff der Autonomie und des Menschenrechts bei Kant

Zur Möglichkeit des Menschenrechts auf sittliche Autonomie bei Kant

Frankfurt/M., Berlin, Bern, Bruxelles, New York, Oxford, Wien, 2002. 177 S.
Rechtsphilosophische Schriften.
Herausgegeben von Kurt Seelmann, Stefan Smid und Ulrich Steinvorth. Bd. 9
ISBN 3-631-38598-6 · br. € 35.30*

Diese Arbeit untersucht den Begriff der Autonomie und des Menschenrechts bei Kant. Sie geht davon aus, dass die kantische Rechtsphilosophie nicht nur der grundlegenden rechtlichen Frage, ob und inwieweit eine Gesetzgebung überhaupt allgemeingültig sein kann und muss, sondern auch aktuellen Grundsatzfragen des Rechts eine plausible Antwort geben kann. Der Gesichtspunkt des Übergangs vom unbedingt guten Willen zur allgemeinen weltbürgerlichen Verfassung begleitet dabei den ganzen Verständnisprozess der kantischen Rechtsphilosophie. Erst durch die grundsätzliche Klärung des kantischen Autonomieprinzips in seiner Moralphilosophie und Rechtslehre wird der umstrittenen aktuellen Menschenrechtsfrage, insbesondere der Frage nach dem Menschenrecht auf sittliche Autonomie, eine neue Interpretationsmöglichkeit eröffnet.

Aus dem Inhalt: Begriff und Bedeutung der Autonomie bei Kant · Die Autonomie als Selbstgesetzgebung des moralischen Subjekts · Die Theorie des Rechts und die Autonomie des Menschen im Recht · Die Begründung des Menschenrechts bei Kant · Die möglichen Gegenstände des Menschenrechts bei Kant

FSC
www.fsc.org
MIX
Papier | Fördert gute Waldnutzung
FSC® C083411

Kolibri 360 GmbH
Ferdinand-Jühlke-Straße 7
99095 Erfurt, Deutschland
produktsicherheit@kolibri360.de

Druck:
CPI Druckdienstleistungen GmbH
im Auftrag der
Kolibri 360 GmbH
Ferdinand-Jühlke-Str. 7
99095 Erfurt